DEBBIE JOHNSON

SCHLANK MIT DER KRAFT DER GEDANKEN DURCH MENTALES TRAINING

Abnehmen ohne Diät

MOSAIK VERLAG

Titel der Originalausgabe: *Think Yourself Thin*
Originalverlag: Hyperion, New York 1996, USA und Kanada

Übersetzung: Sabine Schulte
Layout: Martina Eisele
Umschlaggestaltung: Ellen Bellinger

Der Mosaik Verlag ist ein Unternehmen
der Verlagsgruppe Bertelsmann

© 1996 Debbie Johnson
© Für die deutsche Ausgabe Mosaik Verlag GmbH,
   München 1996 / 5 4 3 2 1
Satz: Filmsatz Schröter GmbH, München
Druck und Bindung: Clausen & Bosse, Leck
Printed in Germany
ISBN 3-576-10690-1

Mosaik

Inhalt

Einleitung

Ich habe *Schlank mit der Kraft der Gedanken durch mentales Training* mit viel Liebe geschrieben, um Ihnen zu helfen, den Kampf gegen die Fettpolster ein für allemal zu gewinnen. Seit meinem fünfzehnten Lebensjahr bis vor etwa zwölf Jahren habe ich bis zu vierzig überflüssige Pfunde mit mir herumgeschleppt. Mein Selbstwertgefühl war ziemlich angekratzt. Dabei fehlte es mir nicht an Willenskraft, eine Diät durchzuhalten. Ich nahm mit Dutzenden von Diäten ab – doch nur, um mir alles und noch viel mehr wieder anzufuttern, sobald ich wieder begann, normal zu essen. Kommt Ihnen das bekannt vor?

Mein wiederholtes Scheitern, beim Versuch abzunehmen, schadete meinem Selbstbild, denn ich wußte damals noch nicht, daß ein positives Selbstbild der heimliche Schlüssel ist, um auf gesunde, ausgeglichene Weise zum Idealgewicht und zu einer schlanken Figur zu kommen. Mit der Zeit verlor ich die Hoffnung, daß ich je wieder zu den Glücklichen gehören würde, die sich als rank und schlank bezeichnen konnten. Ich fühlte mich ständig angegriffen und gab sogar einem Freund den Laufpaß, weil er eine Bemerkung über meine Pölsterchen gemacht hatte. Noch ahnte ich nicht, daß es meine eigenen Gedanken waren, die dafür sorgten, daß mein Übergewicht erhalten blieb.

Schließlich gab ich auf und sagte mir: Wenn der liebe Gott mich so haben will, dann sei es so! Ich versuchte, meine Rubensfigur zu lieben und zu akzeptieren, und betrachtete meine Kurven und Rundungen wie eine schöne Skulptur. Das führte dazu, daß ich mich entspannte, und damit erlaubte ich meinem

Unterbewußtsein, dem Bewußtsein eine großartige Idee zu vermitteln: Konnte ich nicht bei meinen Bemühungen, schlank zu werden, die gleichen Techniken ausprobieren, die ich im Beruf so erfolgreich einsetzte? Ich hatte jetzt nichts mehr zu verlieren (das soll kein Wortspiel sein). Warum also nicht?

Meine lebenslange Arbeit im Verkauf hatte mich gelehrt, wie stark sich positive Vorstellungen und Gefühle auf den materiellen Erfolg auswirken. Mit Hilfe dieser Techniken hatte ich mir schon bessere Arbeitsstellen, höhere Vertragsabschlüsse, schönere Wohnungen, neue Möbel und ein flottes neues Auto herbeigedacht, warum also nicht auch einen neuen Körper?

Nie werde ich den Morgen vergessen, an dem ich zum erstenmal mit den einfachen Techniken dieses Buches experimentierte. Ich hatte gerade mein Verkaufsziel für den Tag visualisiert. Dabei stelle ich mir den Erfolg des jeweiligen Tages vor, indem ich mir einrede, in den nächsten acht Stunden soundso viele Produkte zu verkaufen. Ich war neugierig, ob ich diese Technik nicht auch zur Umformung meines Körpers einsetzen könnte.

Das oberste Gebot beim Verkaufen ist, an sein Produkt zu glauben. In diesem Fall mußte ich an mich selbst glauben. Ich trat vor den Spiegel, sah hinein und sagte mit großer Überzeugung: »Du siehst toll aus, Debbie! Und du siehst nicht nur toll aus, sondern du siehst heute auch ein bißchen schlanker aus!«

Von da an nahm ich mir jeden Tag ein wenig Zeit, um diese kleine Ansprache an mich zu wiederholen und dankbar zu sein für meine Gesundheit und für meinen schönen Körper. Ich betrachtete mein Übergewicht mit größerer Gelassenheit und erkannte, daß Selbstliebe und ein neues Selbstbild möglicherweise die fehlenden Schlüssel zur Lösung meines lebenslangen Problems mit den Pfunden waren.

Immer wieder hatte ich Diäten ausprobiert, um mein Selbstbild zu verändern. Nun fragte ich mich plötzlich: *Wie wär's, wenn du das umkehren würdest? Ändere zuerst dein Selbstbild, vielleicht findet sich der gesündeste Weg, dieses neue Ich zu verwirklichen und beizubehalten, dann von selbst.*

In den kommenden Monaten formte ich im Geist ein neues Bild von mir – mit dem Erfolg, daß ich vierzig Pfund abnahm.

Alles, was mit meiner Gesundheit und meinen Ernährungs- und Bewegungsgewohnheiten zusammenhing, veränderte sich auf subtile Weise – ohne daß ich mich anstrengte und Willenskraft einsetzte. Ich hatte ein großes Geheimnis entdeckt: Die Vorstellungskraft ist der Willenskraft überlegen!

Die Kraft, durch Gedanken schlank zu werden, schöpft aus sich selbst, und es funktioniert! Das versetzt mich nach wie vor in Erstaunen. Es ist jetzt zwölf Jahre her, daß ich die vierzig überschüssigen Pfunde abgenommen habe – und ich bin noch immer schlank. Je mehr ich mich in Gedanken schlank sehe, desto mehr esse, gehe, rede und handle ich wie eine schlanke Frau. Und je mehr ich automatisch so handle und esse, als wäre ich schlank, desto einfacher ist es, das Wunschgewicht zu halten. Auch bei den vielen Menschen, die im Lauf der Jahre meine Seminare besucht haben, klappt diese einfache Methode zuverlässig. Einige ihrer Geschichten werden Sie in diesem Buch erfahren.

Hier ist das Geheimnis, das es zu lernen gilt: Ich denke wie eine schlanke Frau – weil ich eine schlanke Frau bin – weil ich wie eine schlanke Frau denke! Inzwischen weiß ich nicht mehr, was zuerst da war, die Henne oder das Ei. Ich lebe einfach ständig in der Überzeugung, schlank zu sein, essen zu können, was immer ich möchte, wann immer ich es möchte – ich tue es einfach!

Inzwischen kann ich meine Lieblingseiscreme tagelang im Gefrierschrank stehenlassen, weil ich keine Zeit oder keine Lust habe, sie zu essen. Klingt das nach einer Frau mit vierzig Pfund Übergewicht, die jahrelang immer wieder Schlankheitskuren gemacht hat?

Wie schon erwähnt, habe ich die Pfunde, die sonst nach jeder meiner strengen Selbstbestrafungsdiäten gleich wieder da waren, nie mehr angesetzt. Ich habe meine Waage abgeschafft. Heute esse ich die unterschiedlichsten Lebensmittel, ohne mir Gedanken um Kalorien zu machen. Ich treibe jeden Tag ein wenig Sport – und das macht Spaß. Ich brauche mich nicht mehr zu quälen!

Mein neues Selbstbild, das durch die kreative Kraft der Imagination entstanden ist und mit ihrer Hilfe weiterhin gestärkt wird, macht Gesundsein leicht und vergnüglich – ohne unnötige Kämpfe, Anstrengungen oder Zwänge. Ich habe gelernt, mit meinem Unterbewußtsein, das nur Bilder wahrnimmt, zu sprechen und ihm ein neues Bild von mir einzugeben. Das führt auf sanfte Weise dazu, daß meine Handlungen gesund für mich sind und im Einklang mit dem Schlanksein stehen.

Ich weiß, daß diese Methode auch bei Ihnen funktionieren kann. Ich kenne nichts, womit man sicherer und dauerhafter abnimmt. Verändern Sie Ihr Selbstbild, und Sie verändern Ihr Leben!

Was Sie jetzt gleich tun können

Beginnen Sie sofort, indem Sie sich vorstellen, Sie seien anmutig, stark, schlank und schön: so, wie Sie gern sein möchten. Gestalten Sie das Bild so realistisch, wie Sie nur können, und passen Sie es Ihrer Idealvorstellung von sich selbst an. Beschreiben Sie dieses neue Bild hier oder in einem Tagebuch, und fügen Sie hinzu, was Sie dabei empfinden.

. . . .

. . . .

. . . .

. . . .

Ist es nicht ein schönes Gefühl, diesem schlanken, eigentlichen Ich Ausdruck zu verleihen? In den folgenden Kapiteln werden Sie lernen, wie man auf diesem »Schlüsselbild« aufbaut und es sich täglich vor Augen hält, um mühelos von innen heraus abzunehmen.

Zu den Übungen

Unter der Überschrift »Was Sie jetzt gleich tun können« werden Sie Dutzende von einfachen Übungen finden. Bei den meisten soll etwas aufgeschrieben werden. Nehmen Sie sich einen Augenblick Zeit, um Stift und Papier bereitzulegen. (Kapitel 11 enthält ein Tagebuch, Sie können aber auch ein eigenes anlegen.) Das ist wichtig! Schreiben ist eine wirksame Hilfe im Prozeß der Selbstveränderung. Es läßt Ihre geheimsten und hoffnungsvollsten Gedanken, Ihr inneres Selbstbild greifbar und real werden. Sie können es auf dem Papier sehen, schwarz auf weiß. Und während Sie schreiben, schicken Sie Botschaften an Ihr Unterbewußtsein und signalisieren ihm, daß Sie bereit sind, Ihre ganze kreative Energie einzusetzen, um Ihr Selbstbild zu verwirklichen und Ihren Körper von überflüssigen Pfunden zu befreien.

Wie man dieses Buch benutzt

Hier einige Vorschläge, wie Sie dieses Buch am effektivsten und zeitsparendsten benutzen können, wenn Sie ein so vielbeschäftigter Mensch sind wie ich.

1. Die beste Methode ist es, das Buch von Anfang bis Ende durchzulesen, damit Sie ein vollständiges Bild vom Schlankwerden durch Gedankenkraft erhalten. Wenn Sie jedoch genauso motiviert sind, wie ich es damals war, und sofort beginnen wollen, können Sie auch gleich Kapitel 5 aufschlagen, sich eine der Übungen darin aussuchen und loslegen. Die übersprungenen Kapitel lesen Sie dann später nach.

2. Kapitel 11 enthält ein Tagebuch für das Schlankwerden mit Gedankenkraft. Sie können es während der ganzen Zeit benutzen und sofort damit beginnen oder aber ein eigenes anlegen. In jedem Fall rate ich Ihnen dringend, ein Tagebuch zu führen, während Sie dieses Buch durcharbeiten, damit Ihr persönlicher Prozeß des Schlankwerdens durch mentales Training greifbarer wird.

3. Kapitel 12 ist eine Zusammenfassung der Grundprinzipien dieses Prozesses. Sie können diese Seiten kopieren und in Ihrer

Handtasche bei sich tragen oder in Ihrem Schreibtisch im Büro aufbewahren, um sie zum Nachschlagen schnell zur Hand zu haben. Sie sollen Ihnen als Gedankenstütze für Ihre täglichen Übungen dienen.

4. Damit Sie beim Nachschlagen schnell die gesuchten Stellen finden, empfehle ich Ihnen, die Abschnitte und Übungen, die für Ihre persönliche Situation besonders wichtig sind, mit einem Stift zu markieren.

5. Ich rate Ihnen sehr, dieses Buch nicht aus der Hand zu geben, solange Sie es benutzen, denn es wird Ihnen helfen, motiviert zu bleiben und im Einklang mit Ihrem schlanken Selbstbild zu leben. Verleihen Sie es während der ersten Wochen, in denen Sie mit dieser Methode arbeiten, nicht an Ihre Freundin. Sagen Sie ihr lieber, daß sie sich selbst ein Exemplar besorgen soll, oder schenken Sie ihr eins.

6. Am wichtigsten ist, daß Sie sich selbst mögen, daß Sie Geduld mit sich haben und daß Ihnen die Sache Spaß macht!

Kapitel 1

Warum kann ich nicht abnehmen?

»Je mehr ich die Welt studiere, desto überzeugter bin ich,
daß brutale Gewalt nicht fähig ist, etwas Dauerhaftes zu schaffen.«

NAPOLEON I.

Für die meisten Menschen ist Diät ein Schreckenswort. Ich selbst bin da keine Ausnahme. Nicht, daß ich nicht erfolgreich eine Abmagerungskur machen könnte. Im Gegenteil, wie Millionen andere auch, habe ich kein Problem damit, Pfunde loszuwerden. Die Schwierigkeit besteht, wie bei vielen von Ihnen, darin, mein Gewicht zu halten, wenn ich mit der Diät aufgehört habe.

Es fing an, als ich noch zur Schule ging. Eine meiner Lieblingshosen saß nicht mehr so wie sonst, was mir einen Mordsschrecken einjagte. Daß alle anderen Kleider noch paßten, machte mich nicht stutzig. Ich bildete mir ein, jetzt dick zu werden. Meine Mutter nahm mit der Methode der Weight Watchers ab. Sollte ich ihrem Beispiel folgen? Ich machte meine erste Diät und nahm kein Gramm ab. Zu der Zeit gab es bei mir einfach noch nichts abzunehmen.

Als die beste Freundin meiner Mutter eines Tages mit ihrem berühmten Käsekirschkuchen hereinspaziert kam, ging mir plötzlich ein Licht auf: Meine Hose war im Trockner *eingelaufen!* Wozu also die Diät? Nein, ich durfte Babs' Käsekuchen essen und diesen ganzen Unsinn über Konfektionsgrößen und Figur vergessen.

Das war das erste Mal, daß ich meine Vorstellungskraft in negativer Weise auf mein Gewicht lenkte. Damals begann ich, mich zu fragen, ob ich zu dick sei. Und wie ein Radfahrer, der versucht, den Steinen auf der Straße auszuweichen, achtete ich so sehr darauf, nicht über die Steine zu fahren, daß ich ihnen nicht ausweichen konnte. Unsere Vorstellungskraft arbeitet nach unabänderlichen Gesetzen. Was man sich vorstellt, wird wahr. Und was man sich mit starken Gefühlen vorstellt, wird sogar schnell wahr!

Eines Tages, schon auf dem College, sah mich mein Freund merkwürdig an, als ich mich bückte, um etwas aufzuheben. »Sieht aus, als hättest du einen Bauch«, bemerkte er. »Das ist mir nie aufgefallen.« Wieder bekam ich einen Mordsschreck, und ich begann unverzüglich eine Fastenkur mit Hüttenkäse und Salat, der »magersten« Kost, die im Studentenwohnheim zu haben war. Ob es half? Ganz im Gegenteil, damit begann mein langer Kampf gegen das Übergewicht.

In den nächsten zehn Jahren nahm ich nicht weniger als vierzig Pfund zu – obwohl ich eine Diät nach der anderen machte. Im Rückblick wird mir klar, daß ich nie so stark zugenommen hätte, wenn ich nicht von dem Gedanken besessen gewesen wäre, zu dick zu sein.

Eine Diät zu machen oder zu fasten, fiel mir schwer. Aber solange meine Willenskraft standhielt, ignorierte ich die Entbehrungen und stellte mir vor, wie wunderbar es sein würde, wieder einmal über meine überflüssigen Polster triumphieren zu können. Wenn ich den Mut verlor, holte ich eine Grußkarte mit einem wuscheligen Teddybären hervor, auf der stand: »Ich bin nicht dick, ich bin bloß flauschig!« Vielleicht sollte ich einfach aufgeben und es genießen, daß ich knuddeliger war als andere. Doch so verlockend, wie ich es gern gehabt hätte, war der Gedanke auch wieder nicht. Also hielt ich durch – und sobald ich anfing, wieder normal zu essen, nahm ich mehr zu, als ich vorher abgenommen hatte.

Jetzt höre ich Sie fragen: »Ja, haben Sie sich denn auch körperlich genug betätigt?« Allerdings, und zwar sehr gewissenhaft! Ich bin drei- oder viermal in der Woche gelaufen oder geschwommen oder habe getanzt. Doch das schien nichts zu ändern. Ich beklagte mich bei meinen Freundinnen: »Wenn ich Essen nur sehe, nehme ich schon zu! Bei drei Mahlzeiten am Tag wäre ich so rund wie eine Kugel!«

Ich redete mir ein, ein wandelnder Schwamm zu sein, der Kalorien nur so aufsog. Ich wußte nicht, daß ich meinem Unbewußten damit heimliche Befehle gab, mein Gewicht zu erhöhen, statt es zu reduzieren. Ich versuchte, meine Willenskraft einzusetzen, um Gewicht zu verlieren. Aber mein Unterbewußtsein reagierte viel bereitwilliger auf die Bilder von der dicken Debbie, Bilder die ich einsetzte, um meine Willenskraft anzuspornen. Wie Sie mit Hilfe der Übungen in diesem Buch selbst lernen werden, ist die Vorstellungskraft der Willenskraft in jedem Fall überlegen. Um wirklich mühelos abzunehmen, ist es einfacher, sich mit Hilfe der Vorstellungskraft »schlank zu denken«.

Sinn und Zweck dieses Buches ist es, Ihnen den Zusammenhang zwischen Geist und Körper klarzumachen. Die beiden sind durch das Unterbewußtsein miteinander verbunden. Mit Hilfe der Übungen in diesem Buch werden Sie entdecken, wie man mit wenigen, einfachen Schritten Kontrolle über seine Eßgewohnheiten, über das äußerst wichtige Körperbild und über das Selbstvertrauen gewinnt.

Sie werden dabei mit der Vorstellungskraft arbeiten. Das Unterbewußtsein reagiert direkt auf das Bild, das Sie von sich haben. Es tut sein Möglichstes, um Ihre Aktivitäten – was Sie essen, wieviel Sport Sie treiben und selbst die Stoffwechselgeschwindigkeit – Ihrem Selbstbild anzupassen. Die Willenskraft ist der Vorstellungskraft nicht gewachsen, weil sie keine direkte Verbindung zum Unterbewußtsein hat. Die Willenskraft ist nur mit dem bewußten Verstand gekoppelt. Um sein Aussehen zu verändern, muß man die heimlichen Bilder angehen, die man von sich selbst hat. Wenn Sie mit den kreativen Techniken in Kapitel 5 beginnen, werden Sie schnell lernen, Ihre Vorstellungskraft einzusetzen. Zuerst wollen wir allerdings einen Blick auf das Für und Wider herkömmlicher Diätkuren werfen.

Gibt es einen Grund, Diät zu halten?

Joel Gurin schildert das Ergebnis seiner Forschungen über Schlankheitskuren in seinem Artikel »Leaner, Not Lighter« (Schlanker, nicht leichter), den er in der Zeitschrift *Psychology*

Today im Juni 1989 veröffentlichte: »Zwei jüngere Untersuchungen (Harvard Medical School und Stanford University) zeigen absolut keinen Zusammenhang zwischen Kalorienaufnahme und Körpergewicht. Der scheinbar offensichtliche Sachverhalt, daß dicke Menschen mehr essen als schlanke, ist einfach nicht wahr.« Ich weiß, daß das stimmt. Die unterschiedlichen Vorstellungen sind es, die vor allem dafür verantwortlich sind, ob die Betroffenen dick oder dünn sind.

Gurin erwähnt, daß manche Leute eine »eingebaute Tendenz« zum Übergewicht haben, aber er sagt auch: »Das heißt nicht, daß der Versuch abzunehmen, vergeblich sein muß... aber die übliche Methode der rohen Gewalt – sich einfach zu zwingen, weniger Kalorien zu essen – ist wahrscheinlich das Ineffektivste, was man tun kann.«

Weiter zitiert Gurin Untersuchungsergebnisse, die zeigen, daß übergewichtige und schlanke Personen, die keine Diät machen, sich auffällig gleich ernähren. Beide nehmen Nahrungsmittel zu sich, die sie nicht unbedingt brauchen. Schlanke Menschen reagieren jedoch viel sensibler auf die Signale ihres Körpers, was und wann sie essen sollen, als chronische Diäthalter, die häufig die Sensibilität für ihre eigene innere Stimme beim Essen verlieren.

Zu einem bestimmten Zeitpunkt dachte ich, ich hätte eben einfach zu viele »Fettzellen« oder den falschen »Sollwert«, oder mein Übergewicht wäre genetisch bedingt. Aber als ich entschied, daß dem nicht so war, und anfing, mit dem Schlankwerden durch mentales Training zu experimentieren, begann mein Körper, sich zu verändern. Lesen Sie weiter, und Sie werden feststellen, daß Sie Ihren Körper ebenfalls verändern können.

Warum Diäten nicht funktionieren

Viele Menschen halten Diät oder haben Schlankheitskuren gemacht. Obwohl die einschlägige Industrie in den letzten Jahren Milliarden umgesetzt hat, waren diese Diäten praktisch ohne Erfolg. Sechzig bis siebzig Prozent der Erwachsenen Nordamerikas sind übergewichtig; in der Bundesrepublik ist es etwa ein

Drittel der Bevölkerung. Orientierungsmaßstab sollte das sogenannte Normalgewicht nach Broca sein. Diese Formel ist einfach zu berechnen: Körpergröße in Zentimetern minus 100 ergibt das Normalgewicht. Dabei wird allerdings die Konstitution nicht berücksichtigt. Der BMI – Body Mass Index – ist genauer. Endlich kommen wir dahinter, daß Diäten nicht funktionieren können, weil der Körper ein unglaublich komplexes Stoffwechselsystem für den Notfall besitzt. Tatsächlich kann eine Diät mehr schaden als nützen. Wie, das werde ich im folgenden anhand von Untersuchungen aus dem Gesundheitsbereich schildern.

1. Wenn dem Körper Nahrung versagt wird, verbrennt er mehr Muskelfleisch als Fett, vor allem, wenn die Diäthaltende nicht übergewichtig (zwanzig oder mehr Pfund) ist. Weil die Muskeln das Körpergewebe mit dem aktivsten Stoffwechsel sind, zieht eine Verminderung von Muskelgewebe eine Verringerung der Fähigkeit, Kalorien zu verbrennen, nach sich.
2. Kalorienentzug beeinträchtigt den Stoffwechsel. Bei jeder Diät verlangsamt sich der Stoffwechsel und wird effizienter, um Kalorien zu sparen. Wenn man die Diät beendet, findet er möglicherweise nicht auf seinen vorherigen Grundumsatz zurück. Die Wahrscheinlichkeit besteht, daß die zusätzlichen Kalorien in der nun wieder normalen Ernährung als Fett gespeichert werden – für den Fall, daß die Hungersnot, der man den Körper ausgesetzt hat, wiederkehrt!
3. Je weniger man ißt, desto größer ist die Wahrscheinlichkeit, daß Freßanfälle auftreten. Bei etwa 800 Kalorien pro Tag kann sich ein Bärenhunger entwickeln. Körper und Unterbewußtsein werden in diesem Fall alles tun, um ein Ziel zu erreichen: Sie zum Essen zu bewegen. Möglicherweise zweifeln Sie dann daran, auch nur ein Quentchen Willenskraft zu besitzen – dabei ist Ihre Willenskraft einfach Ihren Überlebensmechanismen oder Ihrer Vorstellungskraft nicht gewachsen. Und bei so wenig Kalorien am Tag wird sie sich ständig auf die Nahrung konzentrieren, die Ihnen fehlt.
4. Fettarme oder, noch schlimmer, fettlose Diäten können dazu führen, daß man einen Heißhunger auf Zucker entwickelt,

der sich, in großer Menge genossen, wieder in Fettablagerungen verwandelt. Frustrierend! Fettarme Diäten können außerdem gefährlich sein, besonders für Frauen, die eine bestimmte Menge Körperfett benötigen.

5. Es gibt so viele Diättheorien: Lebensmittelallergien, Körpertyp, Bluttyp und das Verhältnis von Kohlehydraten, Fetten und Eiweiß werden berücksichtigt. Denken Sie einmal über folgendes nach: Im Körper finden pro Minute zwischen 3000 und 5000 chemische Reaktionen statt. Glauben Sie, daß unsere Körper alle die gleiche chemische Zusammensetzung aufweisen? Wie können wir einander so ähnlich sein, daß wir auf jede neue Diättheorie auf genau die gleiche Weise reagieren, selbst wenn Diäten gut für uns wären?

Außerdem wissen erfahrene Hungerkünstlerinnen, daß man nach der Nahrung, die man sich versagt, um so mehr Verlangen hat, je mehr man sie sich vorstellt. Das ist der wahre Grund, warum Abmagerungskuren nicht funktionieren. Die Vorstellungskraft setzt sich jedesmal gegen die Willenskraft durch. Diese Tatsache für sich arbeiten zu lassen ist einer der geheimen Schlüssel zum Erfolg.

Eine drastische Kaloriensenkung kann außerdem zu Eßstörungen führen. Es gibt Anhaltspunkte für einen Zusammenhang zwischen Diäten mit niedriger Kalorienzufuhr und Störungen wie Bulimie und Magersucht. »Die meisten Menschen werden ihr anfängliches Abnehmen einer Diät mit sehr niedriger Kalorienzufuhr zuschreiben, aber sich selbst (nicht der Diät) die Schuld an ihrer anschließenden Gewichtszunahme geben«, bemerkt C. Wayne Callaway, Direktor des Center for Clinical Nutrition an der George Washington University in Washington D.C. Sich immer wieder selbst die Schuld zu geben, wirkt sich sehr negativ auf das Selbstwertgefühl aus.

Entmutigung könnte dazu führen, daß Sie Freßanfälle bekommen, Abführmittel einsetzen, in die Magersucht abrutschen oder, wie die meisten von uns – voller Enttäuschung über Ihren Mangel an Willenskraft –, einfach aufgeben. Die Nebenwirkungen dieses Auf und Ab können sich, wie Sie vielleicht wissen, verheerend auf Gesundheit und Selbstbewußtsein auswirken.

Was funktioniert also?

Wahrscheinlich wissen Sie jetzt gar nicht mehr, wie Sie denn nun Ihr Übergewicht loswerden sollen. Nur Mut – deshalb haben Sie ja dieses Buch gekauft. Es gibt Ihnen die Hilfestellung, die Sie brauchen, um 1. Ihre Vorstellungskraft zum Abnehmen einzusetzen, statt sich mit Willenskraft fertigzumachen; um 2. ein neues Selbstbild aufzubauen; um 3. auf die für Ihre Gesundheit förderlichen Hinweise Ihres Körpers zu achten; und um 4. die richtigen Nahrungsmittel, körperlichen Aktivitäten und gesunderhaltenden Gedanken zu wählen, die nötig sind, um Ihr ideales Körpergewicht zu erreichen und zu halten.

Und wie? Lesen Sie einfach weiter. Es werden leicht anzuwendende Imaginationstechniken vorgestellt, mit denen Sie unter Einsatz Ihres Unterbewußtseins Kontrolle über Ihr Gewicht und Ihre Eßgewohnheiten erlangen. Das Unterbewußtsein beeinflußt über Drüsen und Körperfunktionen nicht nur den Stoffwechsel, sondern auch das Körpergefühl.

Nehmen Sie sich einen Moment Zeit, um sowohl positive als auch negative Erfahrungen, die Sie schon mit Diäten gemacht haben, aufzuschreiben. Dadurch erhalten Sie einen Überblick über Ihre bisherige Diätgeschichte.

Wenn Sie gerade eine Diät machen oder planen

Nach jüngsten Forschungsergebnissen sind sich die Fachleute darüber einig, daß eine Veränderung der Lebensgewohnheiten die einzige Möglichkeit ist, auf gesunde Art abzunehmen. Bei der Diät, die Sie wählen, sollten Sie auf drei Punkte achten:
1. Sie sollte mindestens 1200 Kalorien pro Tag zulassen.
2. Die Nahrungsmittel sollten nahrhaft und sättigend sein.
3. Sie sollten sich vornehmen, diese Diät mit Hilfe des vorliegenden Buches zu Ihrer letzten zu machen.

Wenn Sie das Gefühl haben, sich beim Essen einschränken zu müssen, während Sie mit den Techniken in diesem Buch arbeiten, holen Sie sich zusätzlichen Rat von einem Arzt oder Heilpraktiker, der auf diesem Gebiet Erfahrung hat.

Einige Ärzte haben in der Vergangenheit Diäten mit extrem geringer Kalorienzufuhr empfohlen, was zu Gesundheitsschädigung bei den Betroffenen führte. Probleme, die bei ungenügend beaufsichtigten Diäten oder Diäten mit sehr niedriger Kalorienzufuhr auftreten können, sind unter anderem:

1. Kurzfristige Komplikationen, wie Austrocknung, Störungen des Elektrolythaushalts und verstärkte Harnsäurekonzentrationen
2. Langfristige Komplikationen, wie schwere ventrikuläre Arrhythmien und Entzündungen der Gallenblase und der Bauchspeicheldrüse
3. Für Menschen, die nur wenig übergewichtig sind, können große Verluste von Körpergewebe, das kein Fettgewebe ist, verheerende Folgen haben, darunter Störungen der Herzfunktion und andere Organschädigungen

Denken Sie daran, man sollte eine Diät mit geringer Kalorienzufuhr nur dann durchführen, wenn man mindestens dreißig Prozent Übergewicht hat, sich kurze Zeit zuvor mit zufriedenstellenden Ergebnissen einer ärztlichen Untersuchung und einem Elektrokardiogramm unterzogen hat und wenn keine Gegenanzeigen vorliegen (dazu gehören kürzlicher Herzinfarkt, Erregungsleitungsstörungen des Herzens, zerebrale Durchblutungsstörungen, Nieren- oder Leberkrankheiten, Krebs, Diabetes und schwere psychische Störungen). Und erwarten Sie nicht, daß Sie Ihr neues, durch die Hungerkur erreichtes Gewicht halten werden. In allen wissenschaftlichen Aufsätzen über das Abnehmen, die ich gelesen habe, war ausdrücklich von Gewichtszunahme nach Beendigung der Diät die Rede. Sie wird für fast alle untersuchten Fälle bestätigt, und nach jeder weiteren Reduktionskur nehmen die Betroffenen stärker zu. Der Grund: die Überlebensmechanismen des Körpers.

Wenn weniger Kalorien konsumiert werden, reagiert Ihr Körper wie bei einer Hungersnot: Er schaltet auf Sparflamme.

Was geschieht dabei? Der Stoffwechsel verlangsamt sich, um effektiver arbeiten zu können. Als Schutzmaßnahme wird mehr

Fett eingelagert, denn wer weiß, wie lange die Nahrungsmittel-knappheit andauert! Ein Drittel aller befragten Frauen, die Diät halten, tun das etwa einmal im Monat. Eine Diät im Monat oder auch nur alle sechs Monate eine »Hungersnot« bringt den Stoff-wechsel ganz schön durcheinander.

Viele Untersuchungen haben gezeigt, daß Nährstoffe vom Muskelgewebe schneller verbrannt werden als vom Fettgewe-be. Bei einer Diät verliert man normalerweise mehr Muskel-masse als Fett und reduziert damit die Schilddrüsenhormone, die den Stoffwechsel regulieren. Daher speichert der Körper Fett in größeren Mengen, wenn die Diät beendet ist, und schützt sich so gegen zukünftige »Hungersnöte«.

Bei Versuchstieren hat sich gezeigt, daß das Gewicht in der zweiten »Diätrunde« doppelt so langsam sinkt und danach dreimal so schnell wieder ansteigt wie bei der ersten. Anschei-nend reagieren die Tiere auf die niedrigere Kalorienzufuhr, in-dem sie die Nahrung effektiver nutzen. Sie legen sich nach je-der Hungerphase mehr Fett zu. Obwohl also das Körperge-wicht niedriger ist, nimmt das Fettgewebe zu – weder für Tiere noch für Menschen ein gesundes Ergebnis. Mehr Fettgewebe verlangsamt die Stoffwechseltätigkeit, was das Zunehmen dann noch begünstigt.

Es gibt Hinweise auf weitere ungesunde Nebenwirkungen einer drastischen Kalorieneinschränkung. Abmagerungskuren können schädlich für das Immunsystem sein und erhöhen möglicherweise die Anfälligkeit für Brustkrebs. Die Fakten zei-gen also, daß wiederholtes Diäthalten nicht nur keinen Erfolg hat, sondern auch die Wahrscheinlichkeit des Zunehmens er-höht und Risiken für die Gesundheit mit sich bringt.

Ständiges Übergewicht als Gesundheitsrisiko

Wir sind uns jetzt vielleicht einig, daß Diäten nichts nützen, müssen aber immer noch einen Weg finden, ein gesundes Ge-wicht zu erreichen. Die meisten von uns wissen, daß Überge-wicht ein Gesundheitsrisiko darstellt. Folgeerscheinungen sind Herz-Kreislauf-Erkrankungen, Hypertonie, Diabetes, Bewe-gungseinschränkungen und – weniger offensichtlich – be-

stimmte Formen von Brustkrebs (häufiger nach der Meno-
pause).
Selbst nur mäßig übergewichtige Frauen sind einem viel
höheren Herzinfarktrisiko ausgesetzt. Für eine 1,64 Meter
große Frau, die zwischen 68 und 78 Kilogramm wiegt, ist die
Wahrscheinlichkeit, einen Herzinfarkt zu erleiden, um 80 Prozent größer als für eine Frau der gleichen Größe, die nur 57 Kilo wiegt.
Doch uns bleibt immer noch die schwierige Aufgabe, eine
praktikable Lösung gegen das Übergewicht zu finden. Viele
Menschen üben sich, statt Abmagerungskuren zu machen, in
Selbstdisziplin und Verantwortung und beginnen ein lebens-
langes Programm, bei dem sie Nahrungsmittel mit weniger Fett
und Zucker sowie höherem Ballaststoffanteil essen. Das ist lo-
benswert, aber woher wissen wir, welche Nahrungsmittel
tatsächlich am besten für uns sind?
Heutzutage fordert der Verbraucher immer mehr Diätnah-
rung. Das bedeutet, daß immer mehr kalorienarme und kalori-
enfreie Süßstoffe, die sich bereits als gesundheitsgefährdend er-
wiesen haben, konsumiert werden.
Viele dieser fett- und zuckerarmen Nahrungsmittel enthalten
außerdem chemische Zusätze, die sich auf die Dauer als ge-
sundheitsschädlich erweisen können. Und selbst wenn man
noch so sorgfältig und diszipliniert Diät hält, weiß man meist
nicht, was der Körper wirklich braucht.

Körperliche Aktivität

Körperliche Bewegung löst das Gewichtsproblem zum Teil.
Doch häufig wird Willenskraft statt Vorstellungskraft eingesetzt – und das ist falsch. Solange wir den gesunden Menschenverstand benutzen, hat körperliche Bewegung, wie Sport
und Fitneßtraining, keine negativen Auswirkungen. Leider
wird sie von vielen Menschen entweder übertrieben, so daß sie
schadet, oder nicht ernsthaft genug betrieben, so daß sie wenig
oder gar nichts nützt. Diese Menschen müssen versuchen, den
Verstand und die Willenskraft auszuschalten und sich auf die
echten Bewegungsbedürfnisse ihres Körpers einzustimmen.

Genau dabei hilft Ihnen *Schlank mit der Kraft der Gedanken durch mentales Training.* Um gesund und fit zu sein, braucht man nicht außer Atem zu geraten und vor Anstrengung ein rotes Gesicht zu bekommen. Tatsächlich kann diese Art von Streß für den Körper sogar die gegenteilige Wirkung haben. Je stärker und unvermittelter man seine Muskeln einsetzt, desto wahrscheinlicher ist es, daß der Körper die Zucker(Glukose)speicher angreift, statt die Fettreserven zu verbrauchen. Mäßige sportliche Betätigung aber veranlaßt den Körper, Fett zu verbrennen – was für das Abnehmen wünschenswerter ist.

Welche körperlichen Aktivitäten und wann?

Das Problem bei körperlicher Betätigung besteht darin, daß wir nicht nur die richtigen Übungen finden, sondern auch wissen müssen, wie man sie korrekt ausführt und wie oft das geschehen sollte. Welche Übungen verbrennen am meisten Fett? Wie hoch darf der Puls dabei sein? Was ist zuviel oder zuwenig?

Und selbst wenn Sie wissen, welche Übungen gut für Sie sind, braucht es dazu gewisse Voraussetzungen, um sich ein ganzes Leben lang an ein Übungsprogramm zu halten. Unter anderem benötigt man dazu Zeit, Disziplin, Motivation, Engagement und gutes körperliches Befinden.

Verstehen Sie mich nicht falsch. Ich treibe mit Vorliebe Sport und glaube an seinen Nutzen. Wenn die positiven Ergebnisse körperlicher Bewegung in Flaschen abgefüllt und über den Ladentisch verkauft werden könnten, ließen sich damit Milliarden verdienen!

Aber auch hier – wie bei den Diäten – ist die Willenskraft der meisten Menschen begrenzt, so daß sie nicht die Energie aufbringen, regelmäßig und dauerhaft ihre Übungen auszuführen. Ein Trainingsprogramm nur zu beginnen, reicht noch nicht aus, um etwas für die Gesundheit zu tun. Wenn Sie sich beim Abnehmen ausschließlich auf körperliche Aktivität verlassen, nach einem Monat aber damit aufhören oder immer mal wieder ein paar Wochen aussetzen, dann erhalten Sie sicher nicht die gewünschten Ergebnisse. Regelmäßige körperliche Betätigung

ist notwendig, um eine optimale Stoffwechselfunktion auf-
rechtzuerhalten, so daß Ihr Körper genug verbrennt, um normal essen zu können, ohne wieder zuzunehmen.

Aber auch hier kann Willenskraft durch Vorstellungskraft ersetzt werden, und zwar mit großartigen Ergebnissen. Das
macht dann nicht nur mehr Spaß, sondern ist auch viel einfacher und zuverlässiger, als wenn man sich zwingen muß, die
Pfunde abzuschwitzen. In den folgenden Kapiteln werden Sie
erfahren, wie Sie Ihre Vorstellungskraft für Ihre Gesundheit einsetzen können. Das Geheimnis liegt darin, sich ein neues Selbstbild zu schaffen und zu bewahren. Dann werden Sie ganz von
selbst wissen, welches die besten, speziell auf Ihren Körper und
Ihre Bedürfnisse abgestimmten Übungen sind.

So wie nicht alle eine Diät machen müssen, um abzunehmen,
brauchen Sie vielleicht nicht Sport zu treiben, um die ge-
wünschte Figur und Konfektionsgröße zu erreichen. Teil meines Gesundheitsprogramms sind unter anderem leichte Fitneßübungen, die mir auch wirklich Spaß machen. Ich glaube,
das liegt daran, daß diese Betätigung von meinem Unterbewußtsein gesteuert wird, das inzwischen auf optimale Gesundheit, Jugend und auf Glück programmiert ist.

Dieses Buch bietet Ihnen Übungen zur Beeinflussung Ihrer
Vorstellungskraft an. So werden Sie es leichter haben, selbst
Mittel und Wege zur Gewichtskontrolle zu finden und anzu-
wenden – solche, die Ihrem Lebensstil, Ihrer Persönlichkeit und
Ihren Vorlieben entgegenkommen.

Kinder und Jugendliche

Die Statistiken zeigen, daß Jugendliche heute übergewichtiger
sind als je zuvor. Von 1960 bis 1980 ist die Zahl der fettleibigen
Kinder zwischen sechs und elf Jahren um 54 und die der fettleibigen Jugendlichen zwischen zwölf und siebzehn um 30 Prozent gestiegen.

Manchen Eltern ist bewußt, daß sie schon früh mit der Ge-
wichtsregulierung bei ihrem Kind beginnen müssen, fallen dabei aber in Extreme. Rigorose Nahrungseinschränkung führt jedoch, wie wir gesehen haben, zu unerwünschten Nebeneffek-

ten, nämlich einem trägen Stoffwechsel und einem rebellischen Willen, wenn der junge Körper versucht, den Nahrungsmangel auszugleichen.

In Aufsätzen über jugendliche Adipositas (Fettleibigkeit) werden normalerweise die gleichen Kuren wie für Erwachsene vorgeschlagen: Fettarme, kohlehydratreiche Diäten und körperliche Bewegung. Doch wenn diese Maßnahmen schon bei Erwachsenen keinen Erfolg haben, wie können sie dann bei Kindern funktionieren, die durch den Druck von Eltern und Gleichaltrigen noch weniger Kontrolle über das haben, was sie essen? Die sechzehnjährige Christina entschied, sie könne genauso wie ich durch Gedankenkraft schlank werden. Innerhalb einer Woche nahm sie sechs Pfund ab! Eine Elfjährige hatte rechtzeitig achtzehn Pfund abgenommen, um das neue Schuljahr in Kleidern zu beginnen, die zwei Nummern kleiner waren als die vom Jahr zuvor.

Junge Menschen, vor allem Kinder, haben ein viel ausgeprägteres Vorstellungsvermögen als ältere, weil es noch nicht völlig verbildet ist. Ich habe erlebt, daß sie ganz schnell zu einem neuen Selbstbild und damit auch zu einem neuen Körper gelangten, indem sie die Methoden aus diesem Buch anwandten. Joannie (elf Jahre), die an einer meiner Selbsthilfegruppen teilnahm, erzählte mir, daß sie nach zwei Wochen wieder in Kleider hineinpaßte, die sie seit zwei Jahren nicht mehr hatte tragen können!

Allein die Tatsache, daß ein hoher Prozentsatz der jungen Mädchen an Magersucht und/oder Bulimie leidet, ist Grund genug zum Handeln. Die Techniken in *Schlank mit der Kraft der Gedanken durch mentales Training* haben jungen Menschen geholfen, ihr Selbstbild zu verändern und auf diese Weise Eßstörungen zu überwinden. (Ratschläge für die Arbeit mit jüngeren Kindern, die Gewichtsprobleme haben, siehe Kapitel 5).

Wie beeinflussen wiederholte Abmagerungskuren das Selbstbild?

Wir haben gesehen, daß die Gesundheit durch Diäthalten geschädigt werden kann, aber das ist noch nicht alles. Wie steht es mit Ihrem Selbstbild? Wie viele Menschen überstehen die Torturen häufiger Abmagerungskuren ohne Angst, gelassen und selbstsicher? Wiederholtes Versagen ruft Angst hervor. Angst führt zu Mangel an Selbstvertrauen.

Viele Menschen, die eine Diät machen, haben unbewußt das Gefühl, bestraft zu werden. Ich kann das nur bestätigen. Als ich am dicksten war, dachte ich, alle Anwesenden würden mich – im Geiste zumindest – kritisieren, wenn ich auch nur einen Blick auf etwas warf, das nicht in mein Diätprogramm gehörte. Die meisten von uns wurden als Kinder mit Essen bestraft oder belohnt. »Du gehst gleich ohne Abendessen in dein Zimmer!« war eine von vielen Drohungen. »Wenn du deinen Teller leer ißt, kriegst du leckeren Nachtisch«, war eine Bestechung. »Wenn du lieb bist, bekommst du ein Eis«, war eine weitere. Ist es verwunderlich, daß manche Menschen sich mit Diäthalten bestrafen?

Was glauben Sie, wie gut Strafen für das Selbstbild sind? Die Antwort liegt auf der Hand: nicht besonders. Ein positives Selbstbild ist jedoch unabdingbar, wenn man auf gesunde, ausgeglichene Weise optimal in Form bleiben will.

Sie haben gefastet, um Ihr Selbstbild zu verändern. Wie wäre es, wenn Sie es einmal umgekehrt versuchten? Verändern Sie erst Ihr Selbstbild – und Sie bekommen eine neue Figur, die Sie nicht wieder verlieren. Mir und auch vielen anderen ist das gelungen, daher weiß ich, daß auch Sie damit erfolgreich sein können. Ich habe nichts gefunden, womit man besser, ungefährlicher und dauerhafter abnehmen könnte. Verändern Sie Ihr Selbstbild, verändern Sie Ihr Leben!

Die Grundtechniken zur Veränderung Ihres Selbstbildes und Ihres Unterbewußtseins finden Sie in Kapitel 5. Zuvor aber möchte ich ein wenig über das Warum, Wofür und Wie berichten, das Sie beachten müssen, wenn das Unterbewußtsein für

Sie arbeiten soll. Ich fasse die Schlüsselübungen zum Schlankwerden mit Gedankenkraft an einer Stelle zusammen, damit
Sie in den kommenden Monaten immer wieder mühelos darauf
zurückgreifen können.

Mit dem Wunsch, ein neues Selbstbild zu entwickeln, sind
Sie bereits auf dem besten Weg, sich ganzheitlich zu verändern.
Sie brauchen nur noch täglich ein paar einfache Visualisie-
rungsübungen auszuführen. Können wir beginnen? Also los –
und denken Sie daran, daß es Spaß machen soll!

Was Sie jetzt gleich tun können

Beginnen Sie jetzt sofort, indem Sie sich klarmachen, wie Ihr Selbstbild im
Augenblick aussieht. Fragen Sie sich, was Sie von sich selbst halten, körper-
lich und auch in anderer Hinsicht (geistig, emotional, spirituell). Schreiben
Sie es in Ihr Tagebuch:

....

....

Nun schreiben Sie in Ihr Tagebuch, wie Sie sich hier und jetzt gern hätten:

....

....

Kapitel 2

Wer bestimmt eigentlich Ihr Gewicht?

**»Jeder gute Gedanke, den du denkst,
ist ein Baustein deines Lebens.«**

GRENVILLE KEISER

Wer bestimmt nun eigentlich Ihr Gewicht? Sie selbst natürlich! Vielleicht sind Sie nicht gerade begeistert von dem, was Sie sehen, aber glauben Sie mir, Sie hatten einen Grund dafür, und das bedeutet, daß Sie es auch wieder verändern können. Ein Teil von Ihnen hat immer die Kontrolle über Ihr Gewicht gehabt und wird sie immer haben. Sie müssen sich nur bewußt werden, in welcher Weise diese Kontrolle funktioniert, um diesen Prozeß von jetzt an so zu steuern, daß er Ihrer Gesundheit förderlich ist.

Viele bewußt denkende Menschen haben erkannt, wie ihr Selbstbild Gewicht und Gesundheit beeinflußt. John E., der lange Zeit Inhaber einer sehr erfolgreichen Marketing-Consultant-Firma war, erläutert das:

»Normalerweise habe ich die Figur meines Vaters, *denn dieses Bild habe ich vor langer Zeit in meinem Unterbewußtsein akzeptiert.* Es war mir nicht so wichtig, es zu ersetzen, deswegen ist es noch da. Leicht übergewichtig, mit den Extrapfunden an den gleichen Stellen wie bei meinem Vater. Ich bin sicher, daß das auch bei anderen Leuten so ist, denn Eltern üben starken Einfluß auf unser Bewußtsein aus.

Wenn ich gerade keine Beziehung habe, verändert sich mein Körper. Interessiere ich mich für eine Frau, dann schenke ich meinem Aussehen mehr Beachtung und bemühe mich, schlanker zu werden. Bin ich dann die Beziehung eingegangen, läßt das Interesse nach, und meine alte Figur kehrt wieder zurück. Das ist ein Muster bei mir.

Ich weiß natürlich, daß die Vorstellungskraft auch im Beruf eine wichtige Rolle spielt. Normalerweise habe ich Erfolg mit dem, was ich tue. Wenn ich an einem Projekt arbeite, bereite ich mich darauf vor, indem ich mich als erfolgreich *sehe* oder *visualisiere*. Wenn ich den Weg zum Erfolg dann vor meinem inneren Auge, in meiner Vorstellung, sehen kann, mache ich den nächsten Schritt. Diesen Prozeß nenne ich ganz einfach Planen!

Die meisten Leute halten mich für einen guten Planer. Sie sehen, daß ich mir Termine für die Verwirklichung meiner Ziele setze und detaillierte Strategien entwerfe, um sie zu erreichen. Aber eigentlich ist Planen für mich nichts weiter als eine Methode, mit deren Hilfe sich Teile zu einem Ganzen zusammenfügen lassen. Ich weiß dann, was zu tun ist, daß es funktionieren wird und daß es in gewissem Sinn *bereits getan ist*. Das bezeichne ich als ›wissen‹.«

John fährt fort: »Die Schlüsselelemente, die ich brauche, um etwas zu schaffen, sind also: 1. ein visuelles Bild vom Ergebnis, 2. eine schriftliche Darlegung oder ein Plan zu meinem Projekt und 3. ein positives Gefühl dem Projekt gegenüber – das normalerweise entsteht, während ich mit den ersten beiden Elementen arbeite. Wenn diese drei Faktoren zusammenwirken, ist das *wissen*.

Ein lesenswertes Buch über Wissen und Imagination ist *The Flute of God* (Die Flöte Gottes) von Paul Twitchell. Er weist darauf hin, daß man nicht gesund wird, wenn man sich nicht vorstellen kann, gesund zu sein. Ein Prinzip von Paul Twitchell besteht darin, diese Vorgehensweise umzukehren – sich den erwünschten Gesundheitszustand vorzustellen und sich dann von diesem neuen, gesunden Standpunkt aus zu fragen: Welche Schritte sind nötig, um dorthin zu gelangen?

Man muß sich wirklich nach Gesundheit sehnen und mit einer gewissen Überzeugung daran arbeiten. Leider mißbrauchen die Medien diese einfachen Vorstellungstechniken, um uns zu manipulieren, so daß wir uns nach Dingen sehnen, die wir eigentlich nicht benötigen. Frauenzeitschriften vermitteln ihren Leserinnen zum Beispiel, daß sie spindeldürr sein sollten. Doch wenn man diese Methode – die Vorstellung, bereits am Ziel zu sein – auf Dinge anwendet, die man bewußt haben möchte, kann man damit die Herrschaft über sein Leben erlangen.«

Meine eigene Erfahrung hat mir gezeigt, wie wichtig und wirkungsvoll die Vorstellungskraft ist, auch wenn sie negativ eingesetzt wird. Hier ein Beispiel: Vor Jahren habe ich einmal auf einem Kühlschrank aufgeklebt das Bild von einem Schwein gesehen. Die Besitzerin wollte abnehmen. Sie hoffte, durch den Anblick des Bildes dem Inhalt des Kühlschranks widerstehen zu können und nicht selbst zum fetten Schweinchen zu werden! Ich bezweifle allerdings, daß diese Strategie sehr erfolgreich war, denn es tritt genau das ein, worauf wir unsere Aufmerksamkeit richten.

Ich habe dieses Phänomen, wie in Kapitel 1 erwähnt, selbst erlebt. Das Tragische an meinem Schrecken über die eingelaufene Hose und am Kommentar meines Freundes über meinen Bauch war, daß beide Erlebnisse unbewußt meine negative Vorstellungskraft aktivierten. Unwissentlich regte ich mein Unterbewußtsein an, meinen Körper zu veranlassen, an Gewicht zuzunehmen (nicht in meine Kleider hineinzupassen) oder einen Bauch zu haben.

Wie konnte das geschehen? In meiner Angst, dick zu werden, hatte ich ständig das Bild einer Person vor Augen, die ich nicht sein wollte. Statt mich dagegen zu wehren, ließ ich es zu, daß mein Körper sich innerhalb weniger Jahre diesem negativen Bild anpaßte. Denken Sie einmal darüber nach. Wenn Sie vor etwas Angst haben, neigen Sie dann dazu, es sich ständig vorzustellen? Angst regt die Phantasie an. Instinktiv weiß man das, wenn man zu einem ängstlichen Kind sagt:»Da geht deine Phantasie mit dir durch.« Es ist nur natürlich, daß wir uns das, was wir am meisten fürchten, bildlich vorstellen – aber für unser erwünschtes Selbstbild ist das wenig hilfreich.

In meiner Angst, nicht mehr in die Kleider zu passen oder einen Bauch zu bekommen, wiederholte ich innerlich unzählige Male die Schlüsselbilder für »dick«, bis sie zu einem permanenten Signal für mein Unterbewußtsein wurden. Es hatte keine andere Wahl, als die Ergebnisse zu produzieren, die ich mir vorstellte – auch wenn mir gar nicht klar war, was ich da tat. Ich möchte Ihnen helfen, nicht die gleichen Fehler zu begehen wie ich. Sollte dies bereits geschehen sein, dann kann ich Ihnen versichern, daß Sie Ihr Selbstbild mit den Techniken in diesem Buch erfolgreich korrigieren können.

Konzentrieren Sie sich nur auf das, was Sie wollen – denn was Sie sich vorstellen, wird geschehen

»Bis zu meinem dreißigsten Lebensjahr«, erzählte mir Lisa, »hatte ich keine Gewichtsprobleme. Ich war eher dünn und untergewichtig, obwohl ich gegessen habe wie ein Scheunendrescher! Ich kam nicht über fünfundvierzig Kilo, wie sehr ich mich auch bemühte.

Dann wurde ich dreißig und übernahm einen Bürojob. Ich bin aufgegangen wie ein Hefekloß! Ich habe ganz normal gegessen und ständig zugenommen. Irgendwann mußte ich mich einer größeren Operation unterziehen – und von diesem Zeitpunkt an konnte ich einfach nicht mehr abnehmen.

Mein Gewicht schnellte auf fast siebzig Kilo hoch. Erst nicht über fünfundvierzig Kilo zu kommen und dann plötzlich schwerer zu sein als mein schlanker Mann, brachte mich fast um! Die Füße taten mir beim Stehen weh, und ich fühlte mich nicht wohl in meiner Haut. Mir war klar, daß ich etwas tun mußte.

Zwei Jahre lang versuchte ich es mit Diäten und machte dabei sehr schlechte Erfahrungen. Ich hatte dabei immer das Gefühl, verhungern zu müssen. Daher wollte ich keine Diät mehr.

Um mich mit Fitneßübungen abzuplagen oder überhaupt regelmäßig Sport zu treiben, hatte ich zu wenig Disziplin. Ich wollte etwas ganz Einfaches, damit ich die Schlankheitskuren, von denen ich las, gar nicht mehr auszuprobieren brauchte, denn ich wußte, daß ich sie sowieso nicht durchhalten würde. Auch meine Ernährungsweise wollte ich nicht ändern. Ich war mit meinen Eßgewohnheiten zufrieden – ich wollte einfach nur abnehmen!

Eines Tages sah ich zufällig irgendwo Ihr Büchlein *Schlank mit der Kraft der Gedanken durch mentales Training* auf einem Sofa liegen. Ich war ganz begeistert. Ich begann, an einem neuen Selbstbild zu arbeiten, und stellte mir ständig vor, wie ich aussehen wollte. So etwas kann ich. Es ist so einfach! Ich brauche meine Ernährung nicht zu ändern oder loszuziehen, um diese ganzen Trainingsgeräte zu kaufen; ich brauche überhaupt nichts zu tun. Ich muß nur ständig dieses Bild klar vor meinem inneren Auge sehen. Immer wenn ich über mich nachdenke, sehe ich mich so, wie ich sein möchte. Wenn ich in den Spiegel schaue und meinen Körper betrachte, passe ich das Bild in meinem Kopf einfach wieder meinem Wunschbild an. Und jedesmal sieht das Bild in meinem Spiegel dem Bild in meinem Kopf ein bißchen ähnlicher.

Schlankwerden durch Gedankenkraft ist wirklich einfach! Mein neues Selbstbild bleibt ganz ohne mein Zutun erhalten, denn ich brauche nur an eins zu denken – an meinen schönsten Traum! Ich brauche mich nicht auf sechzehn verschiedene Dinge zu konzentrieren, sondern nur auf eins! Ich brauche nur dafür zu sorgen, daß das Bild gleich bleibt. Als ich anfing, mir mein neues Selbstbild vorzustellen, mußte ich mich entscheiden, wie ich wirklich aussehen wollte. Ich überlegte und sagte mir, ich würde gerne soundsoviel wiegen und da und dort meine Rundungen behalten. Ich betrachtete Frauen auf der Straße und überlegte, was mir an ihnen so gefiel, daß ich es selbst haben wollte. Dann setzte ich die einzelnen Teile wie ein Puzzle zu einem Phantombild meines gewünschten Aussehens zusammen – und das ist das Bild, das ich nun im Kopf habe.

Zuerst stieß ich auf einen speziellen Kräutertee, der mir half, mich von innen heraus zu reinigen. Ich habe gar nicht darüber nachgedacht. Er war da, also habe ich ihn getrunken. Aber eines Tages bemerkte ich eine Veränderung. Ich aß ein bißchen anders. Es war eine gute Veränderung, und sie war so selbstverständlich, daß ich sie gar nicht bemerkte. So ging es weiter, und mein Verlangen nach Dingen, die ungesund waren, ließ von Tag zu Tag nach. Das geschah alles ganz allmählich.

Dann wurde mir plötzlich klar, daß die Hilfe, die ich brauchte, um mein Übergewicht loszuwerden, in ausgewogener, natürlicher Weise in mein Leben kam, einfach dadurch, daß ich mir ständig mein neues Selbstbild vor Augen hielt. Zum Beispiel entdeckten mein Mann und ich auf einem Flohmarkt einen Heimtrainer, und jetzt benutze ich ihn regelmäßig. Früher hätte ich im Traum nicht an so etwas gedacht. Aber jetzt hat es sich einfach so ergeben. Mein neues Selbstbild ist sehr stark und bringt gesunde, natürliche Veränderungen mit sich.

Nicht nur, daß ich jetzt schlank werde (ich nehme nur langsam ab, aber das ist auch in meinem Sinn, denn ich möchte schlank bleiben), ich kaue auch nicht mehr an meinen Fingernägeln herum! Das allein ist schon ein Wunder, denn ich habe ein Leben lang unter dieser Unart gelitten. Ich glaube, die Methode, mir mein neues Selbstbild vorzustellen, hilft mir, mich selbst mehr zu lieben und auch entspannter mit mir umzugehen.

Diese positiven Veränderungen vollziehen sich ohne große Mühe und einfach dadurch, daß ich dieses neue Selbstbild imaginiere.«

Vorstellung verbunden mit Gefühl schafft Wirklichkeit

Wenn wir unsere Aufmerksamkeit zusammen mit einem Gefühl auf etwas richten, wird es schneller in unser Leben integriert. Auch wenn Jane, die fortwährend krank war, nicht bewußt leiden wollte, wurde sie doch immer wieder krank, weil sie sich vorstellte, krank zu sein, und – was noch wichtiger ist – Angst davor hatte. Das Angstgefühl war ein wichtiger Schlüssel zur Beeinflussung ihres Unterbewußtseins.

Wenn man mit Hilfe der konzentrierten Vorstellungskraft an einer Veränderung arbeitet, wird jedes Gefühl für das Unterbewußtsein zur treibenden Kraft.

Wenn ich eine Todesangst davor hätte, wieder dick zu werden, würde genau das geschehen. Es ist nicht immer leicht, sich sofort bei unerwünschten Gedanken und Gefühlen zu ertappen. Aber ich habe gelernt, größere Angst vor der Angst zu haben, denn ich weiß, was sie bewirkt: Sie führt nur zu unnötigen Problemen.

Negative Emotionen wie Angst, Wut, Sorge, Ärger und Eifersucht rufen im Unterbewußtsein schnell Reaktionen hervor. Sich auf irgendein Bild zu konzentrieren, während man von einem dieser Gefühle beherrscht wird, kann sich verheerend auswirken. Das ist, als würde man seine Gedanken mit einem leistungsstarken Turbomotor verstärken.

Wenn ein Kind beispielsweise Angst davor hat, vom Fahrrad zu fallen, wird dies auch sofort geschehen (obwohl Kinder im allgemeinen furchtlos sind, solange man ihnen nicht erzählt, wovor sie Angst haben müssen).

Daß Gefühle so schnell Folgen zeigen, liegt daran, daß sie viel lebendigere Bilder hervorrufen. Wenn ich Sie zum Beispiel bitte, sich einen Hund vorzustellen, haben Sie vielleicht ein undeutliches Bild von irgendeinem Hund vor Augen. Was geschieht aber, wenn ich Ihnen sage, Sie sollen sich einen Hund vorstellen, mit dem Sie einmal schlechte Erfahrungen gemacht haben? Hat Ihnen jemals ein Hund Angst eingejagt? Merken Sie, wie bestimmte Gefühle und Bilder auftauchen? Achten Sie auf das Gefühl in der Solarplexusgegend (Magengegend, genau unterhalb des Brustbeins), während Sie an den Hund denken. Wahrscheinlich spüren Sie leichte Angst oder Unruhe. Nun löschen Sie das Bild im Geist und ersetzen Bild und Gefühl durch etwas Angenehmes – vielleicht durch die Vorstellung, wie Sie jemanden umarmen, den Sie mögen. Das ist wichtig, denn Sie müssen sich von negativen Vorstellungen befreien, selbst wenn es nur Gedächtnisübungen sind.

Überhaupt können Erinnerungen den stärksten Einfluß auf das Unterbewußtsein ausüben, denn die dazugehörigen Gefühle und Bilder liegen schon abrufbereit im Gedächtnis. Hüten Sie sich vor der Erinnerung, sei es in Gedanken, Worten oder Taten, wenn Sie die betreffenden Ereignisse lieber nicht noch einmal heraufbeschwören möchten. Und vernichten Sie alle Bilder – in Ihrem Kopf und in Ihrer Wohnung –, auf denen Sie dick aussehen. Konzentrieren Sie sich statt dessen mit Hilfe der Übungen in diesem Buch auf das, was Sie erreichen wollen.

Wenn man auf seine Gedanken und Worte achtet, erkennt man, welche Macht man besitzt

Darauf zu achten, wie wir denken und sprechen, hilft uns nicht nur, uns stärker bewußt zu werden, wer wir sind, sondern auch, wieviel Macht wir über unser Leben haben. Es ist, als würde man zum Beobachter seiner Selbst werden und sich den Prozeß genau ansehen, um ein Gefühl dafür zu bekommen, wie er funktioniert. Versuchen Sie ein paar Tage lang, bei sich selbst Detektiv zu spielen, um herauszufinden, wie Ihre Gedanken und Worte Sie fühlen und handeln lassen.

Natürlich muß auch ich ständig auf meine Gedanken und Worte achten. Ich bezahle immer für meine Ausrutscher! Aber manchmal muß ich einfach über mich selbst lachen, und das ist der beste Weg, die Arbeit mit Gedanken, Gefühlen und Bildern nicht so schwer zu nehmen. Schuldgefühle wirken sich negativ auf das Selbstbild aus.

Wir können über bestimmte Aspekte unseres Lebens sehr positiv denken und bei anderen eine genau gegenteilige Meinung haben. Über dieses Phänomen staune ich in meinem eigenen Leben immer wieder.

Konzentrierte Vorstellungskraft kann Schaden anrichten, wenn sie falsch eingesetzt wird

Ich war fast mein gesamtes Berufsleben im Verkauf tätig. Durch Lesen und Zuhören habe ich von Koryphäen auf diesem Gebiet gelernt, daß der wichtigste Faktor für den Erfolg die Visualisierung dieses Erfolgs ist, und zwar in jedem Bereich, im Verkauf genauso wie im Basketball!

Meine Auseinandersetzung mit bestimmten universellen Lebensgesetzen führte mich noch einen Schritt weiter. Das Visualisieren allein reicht nicht. Bei der Vorstellung des erfolgreichen Resultats müssen außerdem alle Sinne beteiligt sein – Geruchssinn, Tastsinn und so weiter. Damit werde ich mich in Kapitel 3 ausführlicher beschäftigen.

Obwohl ich über die Wirksamkeit der Vorstellungskraft genau Bescheid wußte, wandte ich sie nicht auf meinen Körper und andere Lebensbereiche an. Mir fiel auf, daß ich ständig Sätze zu mir sagte wie:»Ich fühle mich so dick!« und »Bestimmt nehme ich wieder zu« oder »Ich bin kugelrund.« Angst und Sorge, von reiner Panik erst gar nicht zu reden, ließen zusammen mit diesen Aussagen deutliche Bilder entstehen. Diese Bilder wiederum waren für mein Unterbewußtsein der Anlaß, die Pfunde anzusammeln.

Manchmal gingen meine negativen Phantasien auch in eine andere Richtung mit mir durch, dann nämlich, wenn ich in meinem Beruf einen schlechten Tag hatte. Das Gefühl des Mißerfolgs überwältigte mich, und ich resignierte. Es kostete gewaltige Anstrengung, mich davon zu befreien.

Ich nehme an, daß auch Sie dieses Gefühl kennen. Es ist nicht angenehm, aber es kann eine wichtige Erfahrung sein, etwa dann, wenn Sie erkennen, daß der Tag nur deshalb so verlaufen ist, weil Sie ihn sich durch Ihre Einstellung so geschaffen haben.

Als mir das klarwurde, nahm ich mir vor, am nächsten Tag positiv zu denken, auch wenn ich nichts verkaufen würde. Es ging darum, nicht zu resignieren, ohne jeden Zweifel zu wissen, daß ich, was auch geschehen mochte, Erfolg haben würde. Ich hatte mich angestrengt, und das würde zu positiven Ergebnissen führen. Das ist übrigens ein universelles Prinzip, und in Kapitel 5 werden Sie lernen, es einzusetzen.

Joseph ist Angestellter eines städtischen Versorgungsunternehmens und liest Zähler ab. Er berichtet:»Ich bekomme jeden Tag eine andere Tour. Manchmal paßt sie mir nicht, weil sie vielleicht länger ist oder mich sonst irgend etwas an ihr stört. Wenn ich so denke, wird der Tag sehr lang.

Denke ich jedoch positiv wie: *Es gibt ein paar nette Leute auf dieser Tour, mit denen ich mich gern unterhalte,* fange ich an, die kleinen Dinge zu sehen, die einen Tag schön machen. Meine Einstellung zu der Tour verändert sich, und ich sage mir: *Die Tour ist ja doch gar nicht so schlecht.* Plötzlich verläuft der Tag viel besser.«

Joseph fährt fort:»Vor kurzem lieferte mir ein weiteres Beispiel den Beweis für die Kraft der Gedanken. Ich brauchte ein neues Auto, konnte mir aber eigentlich keins leisten. Also versuchte ich, in positivem Licht daran zu denken. Jeden Tag sagte ich mir auf der Fahrt zur Arbeit laut: ›Ich fahre in meinem schicken neuen Wagen.‹ Ich behielt ein unverkrampftes, neutrales Gefühl dazu und sagte mir, daß ich ein neues Auto brauchte und auch verdiente. Ich beschloß, die Einzelheiten, wie sich das bewerkstelligen ließe und woher ich das Geld bekäme, nicht auszutüfteln. Ich sah und spürte, wie ich den neuen Wagen fuhr, und war dankbar dafür.

Dann entdeckte ich die Anzeige eines Händlers, der genau den Wagen verkaufte, den ich haben wollte – Baujahr, Typ und Marke waren das, was ich mir vorgestellt hatte. Doch als ich den Wagen besichtigte, entschied ich, daß ich ihn mir nicht leisten konnte, und ließ die Sache auf sich beruhen. In den näch-

Was Sie jetzt gleich tun können

Schreiben Sie hier oder in Ihrem Tagebuch eine Geschichte darüber, wie Ihre Vorstellungskraft Ihnen geholfen hat, in Ihrem Beruf, in einer Beziehung, in der Schule, in Ihrer Familie, in bezug auf Ihre Gesundheit oder in einem anderen Bereich ein Ziel zu erreichen:

. . . .

. . . .

. . . .

Notieren Sie hier oder in Ihrem Tagebuch ein Ereignis, das Sie sich wünschen und das Sie sich gut vorstellen können.

. . . .

. . . .

. . . .

. . . .

sten Tagen rief der Händler mich jedoch mehrmals an. Mit jedem Telefongespräch wurde der Preis niedriger, bis ich den Wagen schließlich kaufte! Er kostete 3000 Dollar weniger als ich ursprünglich dafür hätte bezahlen sollen! Als ich das Auto abholte, sah der Geschäftsführer mich nur an und sagte: ›Wie haben Sie es geschafft, den Preis so zu drücken? Ich habe noch nie erlebt, daß jemand uns so weit heruntergehandelt hat!‹«

Teresa weiß, daß sie in ihrem Leben häufig das bekommt, was sie will. Bei unserem letzten Gespräch erzählte sie mir: »Mir ist klargeworden, daß man mit seinem Leben wirklich machen kann, was man will. Als ich letztesmal umgezogen bin, habe ich mir einfach ein Haus vorgestellt, so, wie ich es mir erträume. Ich habe es ganz deutlich vor mir gesehen. Es hat eine Weile gedauert, bis ich es dann tatsächlich fand. Aber als ich es bekam, war es sogar noch besser als erwartet.

Ich habe oft erlebt, daß etwas passiert ist, weil ich es mir so sehr gewünscht habe. Allerdings sollte man damit vorsichtig umgehen, denn wenn man etwas stark genug will, geschieht es auch. Man muß sich sicher sein, daß man es auch wirklich haben will.«

Um zu erkennen, wie man durch konzentrierte Bilder und bestimmte Handlungen Kontrolle über sein Leben erhält, sollte man das Kind in sich entdecken, das mit Begeisterung phantasiert. Von Kindern können wir viel über die Kraft der Phantasie lernen, wenn wir sie beobachten und ihnen zuhören. Wissen Sie noch, wie Sie sich als Kind ausgemalt haben, was und wie Sie später einmal werden wollten?

Als ich klein war, wollte ich unbedingt Ballettänzerin werden. Ich drehte Pirouetten und tanzte andere Figuren, für die ich keinen Namen hatte, und tat dabei so, als wäre ich eine Primaballerina. Dann hörte ich eines Tages nach der Schule ein anderes kleines Mädchen sagen, sie würde jetzt zur Ballettstunde fahren. Der Gedanke, daß eine Zweitklässlerin Ballettunterricht nehmen konnte, ließ mein Herz höher schlagen. So etwas Wunderbares hatte ich noch nie gehört.

Beim Abendessen nahm ich allen Mut zusammen und fragte meinen Vater, ob ich Ballettunterricht nehmen dürfte. Offensichtlich konnten wir uns das nicht leisten, denn er warf nur einen Blick auf meinen Teller mit den nicht aufgegessenen Bohnen und verkündete: »Iß deine Bohnen, dann wirst du eine Ballerina!« Ich wollte so gern Tänzerin werden, daß ich ihm glaubte. Jedesmal, wenn ich während dieser wenig hoffnungsvollen Zeit Bohnen aß, stellte ich mir vor, daß sie mich meinem Traum irgendwie näher bringen würden. Von nun an wurde jede Bohne aufgegessen, bis ich dann älter und klüger wurde.

Schließlich gab ich die Hoffnung auf. Als ich aufs College ging, dachte ich nicht mehr an meinen Traum von der Tänzerinnenkarriere. Dann machte mein Freund Tanz, weil das Pflichtfach im Sportstudium war. Ich hatte meinen Kindheitstraum längst vergessen, aber mein Freund hatte soviel Spaß am Tanzen, daß ich beschloß, es auch zu versuchen.

Natürlich war mir klar, daß ich nicht mehr Tänzerin werden konnte, denn damit muß man schon als Kind beginnen. Doch es war eine gute Möglichkeit, Punkte im Sport zu sammeln. Ich war erstaunt, wie wunderbar ich mich beim Tanzen fühlte, wie belebend es war, wie befriedigend.

Damals begann meine Amateur-Tanzkarriere, und seitdem habe ich bei verschiedenen Veranstaltungen auch vor großem Publikum getanzt. Tanzen verschafft mir starke Glücksgefühle.

Inzwischen weiß ich, daß sich durch meine Vorstellungskraft etwas verwirklicht hat, was sogar noch besser ist als eine Karriere als Berufstänzerin: eine Kunstform, die ich zeitweise aus-

Was Sie jetzt gleich tun können

Schreiben Sie hier oder in Ihrem Tagebuch auf, wie Sie sich einmal etwas für die Zukunft vorgestellt haben, was dann auch tatsächlich Wirklichkeit geworden ist. Es kann etwas ganz Banales sein, etwa ein Urlaub mit der Familie oder der Kontakt zu einer Brieffreundin.

. . . .

. . . .

. . . .

üben und ganz und gar genießen kann, ohne mich mit der physischen und finanziellen Belastung, unter der so viele professionelle Tänzerinnen leiden, herumschlagen zu müssen.

Hier ist eine kleine Übung, mit der Sie die Stärke Ihrer Vorstellungskraft testen können. Sagen oder denken Sie:»Ich esse dieses Stück Schokoladenkuchen nicht.« Was haben Sie gesehen oder erlebt? War es ein Stück Schokoladenkuchen? Wenn Sie über eine so lebhafte Phantasie verfügen wie ich, haben Sie vielleicht sogar gesehen, wie Sie es gegessen haben. Wie kann das sein, wenn Sie sich doch gesagt haben:»Ich esse dieses Stück Schokoladenkuchen *nicht*?« Nun, ein wichtiger Sachverhalt, den wir beachten müssen, ist, daß verneinende Wörter oder Ausdrücke, wie *nein, nicht, nie, das tue ich nicht, das darf ich nicht* oder *das will ich nicht* vom Unterbewußtsein völlig ignoriert werden. Dessen wichtigste Aufgabe besteht einfach darin, die Bilder zu empfangen, mit denen wir es füttern, und sie in die Realität umzusetzen.

Wenn Sie den Satz:»Ich esse dieses Stück Schokoladenkuchen nicht« ständig wiederholen, wird es nicht lange dauern, und Sie werden es essen. Essen Sie den Kuchen, und denken Sie sich: *Alles, was ich esse, wird zu Energie.* Nach diesem Prinzip internalisiert die Frau, die auf ihrem Kühlschrank ständig das Bild vom Schwein vor Augen hat, die Neigung des Schweins, sich zu überfressen.

Wenn Sie diesen Prozeß umkehren wollen, sollten Sie die folgende Übung versuchen. Denken Sie sich: *Ich bin gesund, schlank und stark, und ich kann essen, was ich will!*

Was haben Sie sich vorgestellt? Sie haben Ihrem Unterbewußtsein einen Befehl in Form eines Bildes gegeben. Jetzt werden Sie hauptsächlich nur das essen, was gut für Sie ist, und wenn Sie Appetit auf Schokoladenkuchen haben, essen Sie ihn einfach! In Kapitel 4 werden wir uns weiter über die Sprache des Unterbewußtseins und ihre Wirkungsweise unterhalten.

Hier eine Übung, mit der Sie den sehr wichtigen nächsten Schritt im Prozeß des Schlankwerdens durch Gedankenkraft beginnen.

Was Sie jetzt gleich tun können

Stellen Sie sich vor, daß Sie anmutig, stark, schlank und schön sind, genauso, wie Sie es gerne wären. Malen Sie sich diese Vorstellung so realistisch aus, wie Sie nur können.

Linda erzählt, daß Sie als Kind ziemlich unattraktiv war. Sie sah sich immer wieder das Foto einer berühmten Filmschauspielerin an und stellte sich vor, sie würde genauso aussehen, sagte sich immer wieder, daß sie so aussah, und glaubte fest daran, daß sie zu der hübschen Frau werden würde, die sie, wie

---

Was für ein Gefühl ist es, so zu sein, wie Sie sein möchten? Machen Sie sich mit der Empfindung vertraut, bereits erfolgreich zu sein und Ihr Ziel erreicht zu haben. Welche Emotionen werden dadurch ausgelöst? Beschreiben Sie sie hier oder in Ihrem Tagebuch:

. . . .

. . . .

. . . .

Nun stellen Sie sich vor, wie Sie mit Ihrem neuen Körper eine Handlung ausführen. Was denken Sie jetzt über sich? Wie fühlen Sie sich? Halten Sie es hier oder in Ihrem Tagebuch fest:

. . . .

. . . .

. . . .

Wie beeinflußt Ihr neues Ich – weiterhin vom Endziel dieses »neuen Ich« aus gesehen – Ihre Beziehungen zu anderen?

. . . .

. . . .

. . . .

sie wußte, sein konnte. Meiner Meinung nach ist Linda heute viel schöner als die Schauspielerin – innerlich wie äußerlich. Versuchen Sie, im Lauf des Tages ein paar Dinge zu entdecken, die sich aufgrund Ihrer Vorstellungskraft ereignet haben. Wenn Ihnen das zur Gewohnheit geworden ist, werden Sie feststellen, daß Ihr Leben kein so großes Rätsel ist. Während Sie für Gedanken und Worte, sowohl für die eigenen als auch für fremde, sensibel werden, wächst das Gefühl, daß Sie Ihr Leben selbst in der Hand haben.

Sich nicht auf Grenzen oder Hindernisse, sondern auf das Ziel zu konzentrieren, das man erreichen will, ist der sichere Weg zum Erfolg – vom Sport über den Beruf bis zur Kontrolle über das eigene Gewicht. Ihre Vorstellungskraft ist so wirksam, daß sie Sie förmlich zu Ihrem Ziel hinzieht.

Niemand von uns kann jemals perfekt sein. Aber wir alle können uns um Perfektion bemühen. Dadurch entwickeln wir Bewußtsein, Weisheit und Lebensfreude.

Kapitel 3

Wie ich das Geheimnis des Schlankwerdens mit der Kraft der Gedanken entdeckte

»Der Sieg kommt nur, wenn ich auf ihn zugehe.«

MARIANNE MOORE

Daß ich durch die Kraft meiner Gedanken schlank wurde, geschah nicht von selbst. Ich kam überhaupt erst auf die Idee, nachdem ich viele Jahre lang bestimmte Prinzipien, die mir im Beruf und während meiner spirituellen Studien vermittelt wurden, erforscht und angewandt hatte. In diesem Kapitel werde ich Ihnen zeigen, wie diese Prinzipien mir im Beruf halfen und wie ich sie dann eingesetzt habe, um mein Körperbild und mein Gewicht zu verändern.

Meine Jahre im Verkauf haben mich gelehrt, daß es nicht reicht, nur positiv zu denken. Man muß außerdem:

1. ein sehr gutes Selbstbild haben
2. sich ein realistisches Ziel setzen
3. das Ziel schriftlich fixieren
4. sich einen Termin für das Erreichen des Ziels setzen
5. das Erreichen des Ziels detailliert visualisieren
6. sich vorstellen, was für ein Gefühl es ist, wenn das Ziel erreicht ist: die Dankbarkeit und die Freude, den Zustand, wenn man am Ziel angelangt ist
7. handeln, als wenn das Ziel bereits realisiert wäre
8. beharrlich alle obengenannten Punkte befolgen
9. einen Plan entwickeln und danach handeln

Alle Verkaufsziele, die ich mir mit dieser Methode vorstellte, habe ich erreicht. Wenn ich nicht zum gewünschten Ergebnis kam, dann nur deshalb, weil ich zuließ, daß Angst, Sorgen oder Unsicherheiten sich einschlichen und die Herrschaft über meine Vorstellungskraft gewannen.

Das einfache Rezept der positiven Gefühle, wie Begeisterung, Freude, Dankbarkeit und Zufriedenheit, verbunden mit der Visualisierung des Ziels, sorgten dafür, daß es Wirklichkeit wurde.

Lernen, mit Gedankenkraft schlank zu werden

Die Methode des positiven Imaginierens und Fühlens kombiniert mit der Vorstellung vom erreichten Ziel funktionierte zwar im Verkauf und bei anderen geschäftlichen Unternehmungen, aber ich hatte noch nicht versucht, damit mein Gewicht und meine Figur zu beeinflussen. Nach jahrelangen Abmagerungskuren und einer Ernährung mit einer, wie ich meinte, bescheidenen Menge sorgfältig ausgewählter Nahrungsmittel, kämpfte ich immer noch mit knapp dreißig Pfund Übergewicht.

Als ich dann eines Morgens die Visualisierung meiner Verkaufsziele für den Tag beendet hatte, fragte ich mich, ob ich mich mit dieser Technik nicht auch »schlankdenken« konnte.

Ich ging zum Spiegel, sah hinein und sagte voller Überzeugung zu mir: »Du siehst großartig aus, Debbie. Du siehst nicht nur großartig aus, du siehst heute auch ein bißchen schlanker aus!«

Und wissen Sie, was passierte? Ich fühlte mich ein bißchen schlanker. Ich beschloß, von nun an nur noch ein positives Bild von mir zu sehen, um so zu werden, wie ich sein wollte. Was konnte es schaden? Außer meinem Fett hatte ich wirklich nichts zu verlieren.

Selbstakzeptanz ist eine notwendige Grundlage

Das Wort Vertreterin hat für die meisten Menschen einen negativen Beigeschmack, und ich bildete da keine Ausnahme. Ich hatte entschieden, daß ich Vertreter nie als Freunde und nicht einmal als Bekannte haben wollte.

Ich machte durch ein Ernährungsprodukt, das ich von einer Freundin erwarb, mit der Verkaufsbranche Bekanntschaft. Es war ein ausgezeichnetes Produkt, und ich hatte das Gefühl, es könnte vielen Menschen helfen, aber ich dachte nicht im Traum daran, es selbst unter die Leute zu bringen. Meine Freundin überredete mich, sie zu einem Termin zu begleiten, bei dem es um den Verkauf dieses Produkts ging. Sie meinte, ich sollte es positiv sehen und nicht etwas verkaufen, sondern etwas weitergeben, das ich für gut hielt.

Dieses Konzept bildete die Grundlage für meinen Erfolg im Verkauf. Diesen möglichen Beruf in so positivem Licht zu sehen und, wichtiger noch, mich als nützlichen Menschen zu begreifen, der einen wertvollen Dienst leistet, bildete die Basis meiner Entscheidung, es mit dem Verkaufen zu versuchen. Einzig mein Selbstbild war es gewesen, das mich von einer erfolgreichen Zukunft im Verkauf abgehalten hatte. Jetzt konnte ich sein, wozu ich bestimmt war: eine Frau, die Produkte und Dienstleistungen weitergeben konnte, die die Lebensqualität anderer erhöhte.

Trotzdem wurde ich von anderen als Vertreterin bezeichnet. Und irgendwie mußte ich damit zurechtkommen, daß mein Lebensunterhalt am besten mit Verkaufen zu bestreiten und ich eben Vertreterin war, ganz egal, wie man diesen Beruf auch nennen mochte: Beraterin, Marketing-Repräsentantin, Angestellte im Außendienst und so fort. Aber wie konnte ich die Achtung der Kunden erringen, wenn ich als Vertreterin angesehen wurde?

Die Antwort lag auf der Hand: Ich mußte mich wieder auf die Vorstellung besinnen, daß ich etwas weitergab, und, wichtiger noch, etwas für andere tat. Schlüsselwort, Schlüsselbild und Schlüsselgedanke waren für mich der Dienst am Nächsten. Ich war ernsthaft und aufrichtig und davon überzeugt, daß fast alle, mit denen ich sprach, meine gute Absicht erkennen würden.

Meine Kunden sollten vom ersten Augenblick an wissen, daß ich zu ihrem Besten da war. Ich beschloß, mir das während meines Arbeitstages so oft wie möglich vor Augen zu halten. Wenn ich mich auf einen Termin vorbereitete oder mit einem potentiellen Kunden sprach, sagte ich mir: »Ich bin hier, um alle Beteiligten nach besten Kräften zu unterstützen.«

Vertrauen in meine Ware war ebenfalls notwendig für den Erfolg. Ich studierte alle Fakten über mein Produkt und die Produkte der Konkurrenz. Ich mußte wissen, daß ich das beste vertrat.

Ich schrieb alles auf, was mein Produkt einzigartig und besser machte als andere. Bevor ich einwilligte, für eine Firma zu arbeiten, befragte ich ihre Kunden, um zu hören, was für sie das Positive an den Produkten dieser Firma war. Die Zufriedenheit der Kunden brachte mich dann zu der Überzeugung, daß es sinnvoll war, dieses Produkt zu vertreiben.

Wenn dann mein ganzes Wesen Selbstvertrauen und Vertrauen in das Produkt ausstrahlte, konnte ich es tatsächlich erfolgreich veräußern, und im allgemeinen war ich die beste Verkäuferin der Firma.

In dem Maß, wie die Verkaufsziffern stiegen, wuchs auch meine Selbstachtung, und ich konnte im Verkauf fast jeden Job bekommen, den ich haben wollte. Ich mußte nur herausfinden, was ich tun wollte, und mich dann um eine Stelle bemühen.

Mit der Zeit entwickelte ich in meinem Beruf großes Selbstvertrauen. Es gab zwar Situationen, die es ins Wanken brachten, aber ich besann mich immer wieder auf meine Fähigkeiten und meine Absicht, etwas für andere zu tun, und das half mir über die schweren Zeiten hinweg.

Einmal verkaufte ich im Rahmen eines speziellen Regierungsprogramms zum Energiesparen Isolierungen. Ein Kunde dachte, ich würde für die Versorgungsgesellschaft am Ort arbeiten, mit der zu jener Zeit fast alle unzufrieden waren. Er machte mich zur Schnecke, bevor ich überhaupt zu Wort kam. Ich stand einfach da, hörte zu und versuchte mitzuempfinden, was er fühlen mußte. Ich ließ ihn alles loswerden und sagte ihm dann, zum Teil wäre ich ganz seiner Meinung.

Es endete damit, daß er sein ganzes Haus nach unserem Programm isolierte und mich auch zu einigen Nachbarn schickte! Das Selbstvertrauen, das ich aufgebaut hatte, ließ mich kleine Unwetter wie dieses unbeschadet überstehen. Ohne dieses Selbstvertrauen hätte ich die Flucht ergriffen.

Selbstwertgefühl, Selbstakzeptanz und Eigenliebe stehen auch beim Schlankwerden an erster Stelle

Mein erster Schritt zum Schlankwerden mit Gedankenkraft war der Glaube an mein Produkt. Das bedeutete, daß ich mich so akzeptierte, wie ich war. Sofort nahm ich mir jeden Tag etwas Zeit, um meine Gesundheit und den schönen Körper, den ich bereits besaß, wahrzunehmen und dankbar dafür zu sein. Warum? Weil ich, genau wie beim Verkaufen, Vertrauen in mein Produkt haben mußte. Um mein Experiment ruhig und mit klarem Kopf anzugehen, mußte ich außerdem dem Ergebnis meiner lebensverändernden Bemühungen neutral gegenüberstehen. Jede Panik oder Angst hätten mein Unterbewußtsein mit negativen Bildern belastet.

Glaube an das Produkt hieß, meine einzigartigen Qualitäten zu erkennen, die außer mir niemand besitzt. Ich arbeitete daran, die Schönheit zu sehen, die bereits da war, und alles andere als Teil der Frau zu betrachten, die ich zu diesem Zeitpunkt in meinem Leben sein mußte.

Sich Ziele zu setzen, ist unerläßlich

Ein Schiff ohne Kurs fährt nirgendwohin. Ungefähr da befand auch ich mich, solange ich kein Ziel hatte. Ziele motivieren, und außerdem kooperieren sie mit dem Unterbewußtsein und helfen, einen Erfolgskurs zu steuern.

Bei der Arbeit lernte ich, mir täglich, monatlich und jährlich Ziele zu setzen. Ich versuchte, Verkaufszahlen anzupeilen, die zugleich herausfordernd und erreichbar waren. Meine spirituellen Studien waren mir dabei eine große Hilfe. Ein grundlegendes spirituelles Gesetz, das ich anwandte, ist das Gesetz von Ursache und Wirkung. Ralph Waldo Emerson hat es das Gesetz der Kompensation genannt. Die Bibel sagt, daß wir ernten, was wir säen. Für mein Experiment bedeutete das, wenn ich mein Unterbewußtsein auf bestimmte Weise programmierte, würde es reagieren, indem es die Bilder, mit denen ich es fütterte, in die Realität umsetzte.

Das nächste Stück des Puzzles fand ich in einem Seminar, das ich beruflich besuchte. Hier lernte ich, wie wichtig es ist, Ziele schriftlich zu fixieren und Termine dafür festzulegen. Der Seminarleiter berichtete uns von einer Untersuchung, die bestätigte, wie wichtig es ist, Ziele wirklich aufzuschreiben, statt nur daran zu denken.

In dieser Untersuchung wurde die erste Gruppe von Versuchspersonen angewiesen, sich ein Ziel zu setzen, daran zu denken und jeden Tag darauf hinzuarbeiten. Einer zweiten Gruppe wurde die gleiche Aufgabe gestellt, mit der zusätzlichen Anweisung, das Ziel schriftlich zu fixieren. Die Gruppe, die ihre Ziele aufschrieb, war bei deren Verwirklichung hundertmal effektiver als die Gruppe, die nur daran dachte!

Nach dieser Geschichte machte ich es mir zur Regel, meine Ziele immer aufzuschreiben und mir einen Termin zu setzen, wann ich sie erreicht haben wollte (was in dem Seminar ebenfalls betont wurde). Ich hielt meine Verkaufsziele für den jeweiligen Monat und die Summe, die ich verdienen wollte, auf dem Papier fest. Außerdem erstellte ich eine Liste von Dingen, die ich mir bis zum Monatsende anschaffen wollte, wie etwa ein neues Möbelstück oder Kleidung. Ich war erstaunt, wie exakt diese Methode funktionierte. Wenn ich das, was ich aufgeschrieben hatte, nicht selbst kaufte, bekam ich es häufig geschenkt!

Diese Methode der Zielsetzung wandte ich auch an, um eine neue Wohnung zu finden. Ich stellte eine Liste mit allen Einzelheiten zusammen, die mir in den Sinn kamen, wie Höhe der Miete, Lage, Größe der Zimmer, Ausstattung und Komfort, Parkmöglichkeiten, Geräuschpegel, Qualität usw. Das half mir, ein detailliertes, realistisches Bild von der Wohnung, die ich haben wollte, zu entwerfen. Enttäuscht wurde ich nur, wenn ich eine wichtige Einzelheit vergessen hatte, zum Beispiel, wie groß das Badezimmer sein sollte.

Zielsetzungen sind auch zum Abnehmen wichtig

Ich stellte fest, daß ich darüber nachdachte, wie der Körper aussah, den ich wirklich haben wollte. Wenn ich schon etwas an meinem Körper änderte, warum sollte ich dann nicht gleich alles ändern, was mir einfiel? Ich beschloß, daß ich gesund sein wollte, in Maßen durchtrainiert und schlank. Ich machte die Einschränkung, daß ich nicht wie ein Bodybuilder aussehen wollte, sondern einfach nur kräftig und sportlich. Mein Verlangen nach Kraft entsprach einem Bedürfnis nach innerer Stärke, das bei Menschen mit Übergewicht häufig auftritt. Ich nannte mein neues Bild mein »Schlüsselbild«. Genauso würde ich aussehen, wenn ich mein ersehntes Ziel erreicht hatte. Ich stellte mir das Selbstvertrauen und die Kraft einer guten Tänzerin vor, während ich mich in dieses neue Körperbild einlebte.

Für mein Gewicht in Kilogramm hatte ich mir kein Ziel gesetzt, denn ich glaubte, das würde mich nur behindern. Wichtiger als das exakte Gewicht meines Körpers war seine Gesundheit, und ich hatte eine klare Vorstellung davon, wie mein gesunder Körper aussehen, sich anfühlen und agieren würde.

Lernen, sich mit Hilfe der Vorstellungskraft auf das Ziel zu konzentrieren, ist der Schlüssel

Zu lernen, wie das Unterbewußtsein funktioniert, war ein interessanter Prozeß für mich. Der beste Rat, den ich bekam, bezog sich auf den Gebrauch von Verneinungen. Einer meiner Ausbilder im Verkauf war ein sehr belesener, erfahrener Marketingexperte. Er erklärte uns etwas, das ich seitdem immer beherzige. Ich bin sicher, daß es einen wichtigen Anteil an meinen Verkaufserfolgen hat.

Sein Geheimnis? Das Unterbewußtsein hört keine Verneinungen. Mit anderen Worten, wenn Sie sagen. »Das mache ich nie wieder!« hört Ihr Unterbewußtsein: »Das mache ich wieder.« Das liegt daran, daß das Unterbewußtsein ausschließlich in Bildern denkt. Es sieht das durch die Worte entstandene Bild, hört aber nicht die Worte selbst.

Sagen Sie einmal: »Ich denke *nicht* an Schokoladenkuchen.« Woran denken Sie sofort? Sie wissen, was ich meine. Dieses Prinzip führte dazu, daß ich sehr darauf achtete, wie ich mit mir sprach. Statt zu sagen:»Ich versage heute nicht« oder etwas

Ähnliches, erinnerte ich mich an meine Zielvorstellung, indem ich sagte: »Bis heute mittag verkaufe ich zwanzig Stück davon« oder »Ich spüre, daß es ein guter Tag wird.« Diese Art des Selbstgesprächs brachte mir immer Erfolg.

Ich entdeckte bald, daß es unmöglich ist, ununterbrochen positiv zu denken. Auch nur meistens positiv zu denken, war schon eine Herausforderung, aber ich wußte, daß ich es mit Beharrlichkeit erreichen konnte. Jemand sagte einmal, wenn man etwas achtundzwanzig Tage hintereinander tut, würde es zur Gewohnheit. Ich glaubte das und versuchte, es mit meinen Gedanken auszuprobieren. Es funktionierte recht gut, war aber nicht gerade leicht. Um Gedankenmuster zu verändern, braucht man Zeit und Geduld mit sich selbst. Wenn Sie wollen, daß es auch bei Ihnen klappt, müssen Sie hartnäckig sein und sich viel Zeit dafür lassen.

Ein weiteres wirkungsvolles Prinzip der konzentrierten Vorstellungskraft hängt mit dem Ersetzen alter Bilder oder Gedanken durch neue zusammen. Bei meinen spirituellen Studien habe ich erfahren, daß ich eine alte Gewohnheit oder einen alten Gedanken durch etwas Neues ersetzen mußte, wenn ich sie loswerden wollte. Ein Beispiel dafür ist, daß man Kaugummi kaut oder tief atmet, statt eine Zigarette zu rauchen, wenn man sich das Rauchen abgewöhnen will. Ich fand es vergnüglich, bewußt auszuwählen, womit ich meine Bilder von mir als dicker Frau ersetzen wollte.

In meinem Beruf und in Gelddingen hatte ich alte, negative Gedankenmuster bereits durch neue ersetzt. Manchmal schrieb ich sogar die Summe, die ich am Ende eines Monats verdient haben wollte, mit Bleistift in mein Kontobuch. Wenn die Summe dann tatsächlich auf dem Kontoauszug erschien, überschrieb ich die Bleistiftzahl mit Kugelschreiber. Daß ich immer, wenn ich das Kontobuch aufschlug, die höhere, mit Bleistift eingetragene Summe sah, spornte mich an.

Beim Verkaufen lernte ich auch, mit der Vorstellungskraft der Kunden zu arbeiten, um herauszufinden, ob sie ernsthaft an meinem Produkt interessiert waren. Wenn ich zum Beispiel Computer verkaufte, fragte ich die Kunden, wo sie den Computer in ihrer Firma aufstellen wollten. Ich konnte sehen, wie es in ihnen arbeitete, wenn sie im Geist auf Zimmerecken und Schränke deuteten.

Wenn sie sagten: »Ich nehme einfach die Regalbretter da drüben weg und besorge mir für hier ein Regal ...«, wußte ich, daß sie soeben einen Computer gekauft hatten. Ob sie das Gerät dann auch von mir kauften, war etwas anderes, aber wenigstens brachte ich sie dazu, den mentalen Schritt zu tun, eine Entscheidung zu treffen. Die gleiche Technik wandte ich an, wenn ich mich fragte: »Was für Kleider willst du tragen, wenn du schlank bist?« und »Ist Essen nicht eine schöne Sache?« Darüber später mehr.

Konzentrierte Vorstellungskraft ist der Kern meiner Methode

Als ich mit dem Schlankwerden durch Gedankenkraft begann, bestand eine meiner ersten Handlungen darin, die Bedeutung und den hohen Stellenwert meiner Vorstellungskraft, ihre Rolle als bestimmender Faktor in meinem Leben, zu betonen. Ich warf meine Waage hinaus! Von da an weigerte ich mich, mich zu wiegen. Was sollte die Angst, die die Waage mir oft eingejagt hatte?

Wenn ich zur Untersuchung zum Arzt ging, war ich drauf und dran, der Sprechstundenhilfe zu sagen, sie solle verschwinden, wenn sie mich wiegen wollte. Danach erzählte sie mir dann immer, ich müßte ein paar Kilo abnehmen! Wo steht das? dachte ich ärgerlich. Ich war etwas gekränkt und gleichzeitig stolz auf mich, weil ich schon fünfzehn Pfund abgenommen hatte. Schließlich befand ich mich auf dem Weg zu einem neuen Ich, ganz egal, wie das für sie oder sonst jemanden aussehen mochte.

Mein Gewicht verringerte sich langsam und stetig, in einem gesunden und für mich angemessenen Tempo, und ich genoß das Leben.

Selbstvertrauen auszustrahlen ist wichtig

Denis Waitley, der Autor von *Der Beste sein? Für den Erfolg zählt nur der eigene Maßstab*, hält interessante Vorträge, und ich hatte das Glück, einen davon besuchen zu können. Waitley arbeitet mit einem breiten Klientenspektrum – von Astronauten über Kongreßabgeordnete bis hin zu Topmanagern. Ein Punkt in seinem Vortrag hat mich sehr beeindruckt. Es ging darum, Komplimente liebenswürdig, ja ganz bewußt entgegenzunehmen. Das war ein sehr wirksames Mittel, um mein Selbstvertrauen in allen Lebensbereichen zu stärken. Wie oft haben Sie schon einer Freundin Komplimente über ihr Haar gemacht und die Antwort erhalten:»Ach, das ist heute so struppig, ich weiß gar nicht, wie du das schön finden kannst!« Die meisten Menschen sind ihrem negativen Selbstbild einfach so stark verhaftet, daß sie nicht akzeptieren können, daß jemand anders sie schön findet.

Ich merkte, wie schwer es mir fiel, Komplimente anzunehmen und einfach nur »danke« zu sagen. Kennen Sie das Gefühl, daß es irgendwie in der Kehle steckenbleibt? Vor allem, wenn man glaubt, das Kompliment nicht verdient zu haben. Ich zwang mich dazu, mich für jede freundliche Bemerkung zu bedanken und nichts weiter zu sagen. Es war erstaunlich, wie mein Selbstbild sich mit der Zeit veränderte. Ich begann tatsächlich zu glauben, was andere über mich sagten!

Der nächste Schritt auf dem Weg, gesundes Selbstvertrauen zu entwickeln, bestand darin, in gesundheitlichen Fragen selbst Autorität für mich zu sein. Im Verkauf hatte ich mich bereits entschlossen, mein eigenes Drehbuch zu schreiben, statt die Regie über mein Leben den anderen zu überlassen. Bei den Vertreterversammlungen zum Beispiel verkündete ich mit unerschütterlichem Glauben meine Ziele. Obwohl sie höher gesteckt waren als alle anderen und ein paar Kollegen die Augenbrauen hoben, blieb ich dabei. Meist erreichte ich sie und wurde dann Vertreterin des Monats.

Nicht nur, daß ich meine Ziele erreichte, ich schaffte das auch auf eine Weise, die mit meinen ethischen Prinzipien, meiner Aufrichtigkeit und meiner Lebensweise übereinstimmte. Auch wenn alle anderen in meiner Firma glaubten, sie müßten während der Abendessenszeit zu den Leuten gehen, weil sie dann zu Hause waren, weigerte ich mich, die potentielle Kundschaft um diese Zeit zu stören.

Ich überlegte, daß ich meine Kundinnen auch tagsüber zu Hause antreffen und Termine mit ihnen vereinbaren könnte, um mich dann abends mit dem Ehemann zu treffen. Und bei Bedarf würde ich auch den Samstag opfern. Obwohl ich zu den für den Verkauf »ungünstigsten« Zeiten arbeitete, war ich in der Firma drei Jahre lang die erfolgreichste Außenmitarbeiterin!

Selbstvertrauen auszustrahlen, hilft beim Abnehmen

Das Wichtigste, was ich von Denis Waitley lernte, war – wie schon erwähnt –, wie man Komplimente annimmt. Es stärkte mein Selbstvertrauen an einem entscheidenden Punkt meiner Bemühungen, mit Gedankenkraft schlank zu werden. Meiner Umgebung fiel auf, daß ich abnahm, und ich bekam von allen Seiten Komplimente. Ich bedankte mich jedesmal und glaubte, was man mir sagte, denn ich war entschlossen, mich selbst so objektiv wie möglich zu sehen. Ich hielt mich aufrecht und selbstbewußt. Ich trug Kleidung, in der ich mich wohl fühlte. Bei Verabredungen wählte ich Kleider, die die Vorzüge meines Körpers hervorhoben, statt seine Schwächen zu betonen. Ich achtete darauf, daß Hosen und Röcke nirgends spannten, damit sie mir nicht das Gefühl gaben, dick zu sein! Ich beschloß, mich schön zu finden – und andere taten es auch. Ich wußte, daß meine Einstellung zu mir selbst sich in meinem Auftreten und meiner Körpersprache widerspiegelte. Wenn ich mich in günstigem Licht sah, bekam ich auch Komplimente.

Wenn man so handelt, als wäre das Ziel bereits erreicht, wird es schneller verwirklicht

Von einem wenig bekannten Phänomen, das selten gelehrt wird, aber für die Arbeit mit dem Unterbewußtsein wichtig ist, erfuhr ich in meinen spirituellen Studien. Man kann es bei

Menschen beobachten, die Erfolg im Sport, im Beruf oder in anderen Lebensbereichen haben. Das Geheimnis besteht darin, so zu handeln, als wäre das Ziel bereits erreicht. Zum Beispiel hört man häufig, daß Goldmedaillengewinner ihren Sieg so erklären:»Ich bin nie auf den Gedanken gekommen, daß ich versagen könnte« oder»Ich habe mich einfach als Gewinner gesehen; etwas anderes kam für mich gar nicht in Frage.«

Ich wandte dieses Prinzip an, um das nach Erfolg aussehende Auto zu bekommen, das ich brauchte. Ich fuhr damals einen neuen, kleinen, sparsamen Wagen, der hübsch aussah und mich immer an mein Ziel brachte. Der einzige Nachteil war, daß er nicht dem Image eines Marketing Consultant entsprach, einer Stellung, die ich anstrebte. Also stellte ich mir vor, ich besäße einen Mercedes oder irgendein anderes imposantes Gefährt.

Wenn ich über mein derzeitiges Auto sprach und den Typ erwähnte, hieß es oft:»Oh, ich dachte, Sie würden einen Mercedes oder so fahren.« Diese Reaktionen bestätigten mir, daß ich mit der Annahme, mein Wunsch sei bereits erfüllt, gute Arbeit leistete. Einmal, nachdem ich ein Seminar über Zielsetzung geleitet hatte, begleitete ein Teilnehmer mich zu meinem Wagen und war überrascht. Er sagte:»Was? Ich dachte, Sie würden einen Rolls-Royce fahren!«

Ein paar Monate später hatte ich die Gelegenheit, zu einem sehr günstigen Preis einen fast neuen Mercedes zu kaufen. Aber zu dieser Zeit gefiel mir ein funkelnagelneuer Sportwagen, der sehr luxuriös ausgestattet und für das gleiche Geld zu haben war, besser. Ich kaufte den Sportwagen, aber der Punkt ist, daß ich in der Lage war, mühelos das zu bekommen, was ich mir ursprünglich gewünscht hatte. Dieses Erlebnis zeigte mir auch, daß ich meine Vorstellungen ändern und sogar noch etwas Besseres bekommen konnte!

Handeln Sie beim Schlankwerden mit Gedankenkraft so, als wäre das Ziel bereits erreicht

Ich wußte, daß ich mit dem Schlankwerden durch Gedankenkraft auf dem richtigen Weg war, als eine Freundin in der Anfangsphase dieses Prozesses einen Kommentar über einen meiner Tanzauftritte abgab. Sie sagte: »Ich hätte nie gedacht, daß jemand mit deinem Gewicht beim Tanzen da oben eine so gute Figur machen könnte, aber du hast wirklich toll ausgesehen!« Natürlich machte diese Bemerkung mich betroffen, denn ich empfand mich selbst nicht mehr als dick. Aber mir fiel auch auf, daß sie Schönheit in meinem Tanz sehen und mich so akzeptieren konnte, wie ich mich selbst akzeptierte. Es war, als würde sie das »neue Ich« sehen, das ich mit Hilfe meiner starken inneren Bilder ausstrahlte. Das gab mir das Gefühl, daß meine Bemühungen bereits Wirkung zeigten.

Mich nicht mehr zu wiegen, gab mir ungeheuren Auftrieb und die Freiheit, mich wirklich für schlank zu halten. Obwohl ich einige Rückschläge erlitt, wenn andere Bemerkungen über mein Gewicht machten, hielt ich beharrlich an meinem inneren Bild fest und stärkte weiterhin das Gefühl, bereits am Ziel zu sein!

Beharrlichkeit heißt, nicht aufgeben

Es war nicht leicht, mein Ziel auch angesichts von Mißerfolgen im Auge zu behalten. Anregende Bücher über positives Denken und Erfolg halfen mir, wenn ich starke Barrieren im Unterbewußtsein überwinden mußte. Auch erfolgsorientierte Wirtschaftszeitschriften enthielten ermutigende Artikel und stärkten meine Ausdauer.

Meine Beharrlichkeit zahlte sich stets aus. Als ich in großen Wohnanlagen für ein Isolierungsprogramm arbeitete, stellte ich mir einen Scheck über 20 000 Dollar vor, der auf meinen Namen ausgestellt war. Ich wußte nicht, welche Verträge zustande kommen würden, und hatte auch keine konkrete Vorstellung davon. Aber ich visualisierte ständig diese große Summe. Ich wußte, daß es möglich war, das Geld zu verdienen, auch wenn es in kleineren Beträgen hereinkam.

Ich wartete den ganzen Sommer, aber nichts geschah. Ich blieb hartnäckig. Immer noch nichts. Schließlich kam der Herbst, und das Geld begann zu fließen. Bis Januar hatte ich mühelos 35 000 Dollar verdient! Es war das erste Mal in meinem Leben, daß es mir gelang, meine Vorstellungskraft so beharrlich auf etwas scheinbar Unmögliches gerichtet zu halten.

Nachdem ich dieses Geld verdient hatte, plante ich einen Urlaub auf Hawaii. Jahrelang habe ich von dieser Insel mit ihren sich sanft im Wind wiegenden Palmen geträumt. Ich hatte mir Hawaii so lebhaft vorgestellt, daß ich nach einer Kreuzfahrt dorthin fünf Monate blieb!

Beharrlichkeit heißt, das Schlüsselbild nie aufgeben

Was ich auch sah, hörte, las, träumte oder fühlte, ich achtete ständig auf kleine Erfolge. Immer wieder sagte ich mir, daß ich mein Ziel erreichen würde. Bevor ich mich zum Beispiel vor einen Spiegel stellte, rechnete ich schon damit, daß ich gut aussehen würde, und sagte laut zu mir: »Ich werde schlanker aussehen.« Wenn ich dann vor dem Spiegel stand, sagte ich zu mir: »Ich sehe schlanker aus, ich werde jeden Tag schlanker« – selbst wenn mir nicht danach zumute war!

Einmmal begann ich, wieder zuzunehmen, obwohl ich mich eine Weile schlank gesehen und mir gesagt hatte, daß ich schlanker wurde. Meine alten, negativen Gedanken hatten immer noch Einfluß, denn manchmal vergeht einige Zeit, bis die neuen, positiven Gedanken sich durchsetzen. Aber ich hielt einfach noch viel beharrlicher an meinen »schlanken« Gedanken fest. Von meiner beruflichen Tätigkeit her wußte ich, daß ich gerade dann weitermachen mußte, wenn mir am wenigsten danach zumute war. Dann schien ich wirklich Fortschritte zu machen. Nicht ohne Grund sagt man: »Vor der Morgendämmerung ist es immer am dunkelsten.«

Als ich erfuhr, daß Abraham Lincoln sechzehn Wahlen verloren hatte, bevor er endlich zum Präsidenten der Vereinigten Staaten gewählt wurde, kam es mir vor, als hätte ich im Vergleich zu ihm oder anderen Menschen, die unglaubliche Hürden überwunden haben, noch gar nichts durchgestanden. Ich war fest entschlossen, aus meinem Leben das zu machen, was ich mir vorstellte.

Wie kann ich anderen einen Dienst erweisen?

Jemandem einen Dienst zu erweisen, heißt, ihn zu unterstützen. Wie half mir das in meiner Tätigkeit? Ich hielt es für unabdingbar, Vertrauen bei meinen Kunden zu wecken, indem ich beim Entscheidungsprozeß soviel Hilfe anbot wie möglich. Manchmal bedeutete das, Antworten auf merkwürdige Fragen zu finden, Anrufe zu tätigen, um etwas herauszubekommen, spezielle Literatur zu besorgen oder Kopien eines relevanten Zeitungsartikels zu verschicken. Ich bewahrte mir das Gefühl, daß ich wirklich tun wollte, was im Rahmen meiner Kenntnisse, meiner Fähigkeiten und der Firma, für die ich arbeitete, für die Kunden richtig und gut war.

Andere zu unterstützen bedeutet – und das ist noch wichtiger –, aus dem Herzen heraus zu handeln – alles, was man tut, mit Liebe zu tun. Ich wußte, daß die Kunden diese Liebe und die Aufrichtigkeit spüren würden. Es bedeutete auch, daß ich meine Überzeugungen leben und dem Ergebnis eines einzelnen Verkaufsgesprächs neutral gegenüberstehen konnte. Ich strahlte Liebe und Respekt für meine Mitmenschen aus, ob sie mir nun etwas abkauften oder nicht. Diese Haltung brachte mir jedoch viel mehr Erfolg, als ich auf anderem Weg erreicht hätte.

Etwas für andere tun, lenkt vom Ich und persönlichen Problemen ab

Ich wußte, daß es egoistisch gewesen wäre, meine gesamte Aufmerksamkeit nur auf mein neues Selbstbild zu konzentrieren, ohne anderen nützlich zu sein. Also versuchte ich, mir vorzustellen, wie mein neuer Körper ein Instrument sein würde, mit dem ich etwas für andere Menschen tun könnte. Ich wußte, daß ich mit meinem neuen Körper gesünder sein würde und andere mit größerer Energie unterstützen könnte. Außerdem würde ich zufriedener mit mir sein und daher auch in der Lage, andere mehr zu schätzen.

Vielleicht konnte ich anderen, die mit dem Abnehmen ebenso frustrierende Erfahrungen gemacht hatten wie ich, als Beispiel dienen. Das ist übrigens auch mein einziger Beweggrund dafür, die Techniken des Schlankwerdens mit Gedankenkraft an Sie weiterzugeben! Jeden Tag überlegte ich, wie ich alte Einstellungen und Überzeugungen durch Bilder und Handlungen ersetzen und anderen dadurch einen Dienst erweisen konnte, etwa indem ich in meiner Gemeinde arbeitete oder zu einem Kollegen freundlich war.

Nutzen der jahrelangen »harten Schule«

Ich habe lange gebraucht, um diese Grundprinzipien aus meinem Berufsleben und meinen spirituellen Studien zusammenzutragen. Diesen langwierigen Prozeß können Sie sich zunutze machen, um den in diesem Buch Schritt für Schritt beschriebenen Weg zu einem schlanken Körper effektiv zu gestalten.

Bevor wir aber zu den Grundübungen in Kapitel 5 kommen, möchte ich erklären, warum dieser Prozeß erfolgreich ist, damit auch Ihr Verstand von den Erfolgsaussichten überzeugt ist und sich ohne Vorbehalte darauf einlassen kann.

Kapitel 4

Warum man mit der Kraft der Gedanken schlank wird

Phantasie ist wichtiger als Wissen.

ALBERT EINSTEIN

Zu verstehen, warum und wie diese Methode funktioniert, wird Sie davon überzeugen, daß es sinnvoll ist, sie auszuprobieren. Dieses Kapitel liefert wichtige Informationen über das Warum und Wieso des Schlankwerdens mit Gedankenkraft.

Ich glaube, diese Methode funktioniert dann am besten und schnellsten, wenn man die Mechanismen, die dahinter stehen, begriffen hat. Der Verstand ist eine sehr starke Kraft in unserem Leben, deshalb muß man ihm klare Informationen geben. Wie funktioniert also das Schlankwerden mit Gedankenkraft?

Das Unterbewußtsein steuert alle lebenswichtigen Drüsen und Körperfunktionen

Körper und Geist sind eng miteinander verbunden. Wie oft haben Sie schon von neuen Studien gelesen oder gehört, die zu dem Ergebnis gelangt sind, daß Verstand und Emotionen Krankheiten wie Krebs oder Arthritis – je nach Einstellung des Patienten – positiv oder negativ beeinflussen?

Selbst während wir schlafen, steuert das Unterbewußtsein unseren Körper. Das Bewußtsein befiehlt dem Körper, Dinge zu tun, wie einen Bleistift in die Hand zu nehmen oder aus dem Zimmer zu gehen, aber es kann weder die Körperfunktionen noch andere subtile, aber wichtige Abläufe kontrollieren, wie etwa die Bilder in Ihrem Geist. Das Unterbewußtsein dagegen ist ein äußerst effektives Instrument, um Einfluß auf unser Körpergewicht zu nehmen.

Nach Freud sind im Traumzustand sehr komplexe geistige Prozesse ohne die Mitarbeit des Bewußtseins möglich

Freuds Traumforschung ließ ihn zu dem Schluß kommen, daß gedankliche Impulse sich in den Schlaf hinein fortsetzen. Er unterteilte sie in fünf Gruppen unvollständiger Gedankenprozesse, die vom Tagesgeschehen zurückbleiben.

Diese fünf Gruppen sind ungelöste Probleme, unterdrückte Gedanken, unterbrochene Gedanken, unverarbeitete Eindrücke und, für uns beim Schlankwerden mit Gedankenkraft am wichtigsten, Gedanken, die während des Tages begonnen und dann vom Unterbewußten während des Schlafs weitergeführt werden.

Robert D. Updegraff diskutiert in seinem Artikel »The Conscious Uses of the Subconscious Mind« (Die bewußte Anwendung des Unterbewußtseins), wie wichtig Entspannung ist, während man das Unterbewußtsein mit Bildern füttert oder dessen innere Weisheit »anzapft«. Wie jeder weiß, sind Erfindern oft die genialsten Entdeckungen gelungen, wenn sie, nach eigenen Aussagen, gerade *nicht* arbeiteten.

Updegraff geht weiter, indem er erklärt, daß wir das Unterbewußtsein bewußt für uns arbeiten lassen können, wenn wir ihm eine bestimmte, klar umrissene Aufgabe geben und sie dann vergessen. Am besten macht man das kurz vor einer entspannenden Tätigkeit oder vor dem Einschlafen. Das Unterbewußtsein wird die Arbeit dann wahrscheinlich für uns erledigen.

Experten auf diesem Gebiet, wie Sigmund Freud oder C. G. Jung, haben ein großartiges Phänomen beobachtet, das auftritt, wenn in den Bildspeicher des Unterbewußtseins eine neue Information eingegeben wird: Es läßt die Informationen dann ganz nach Bedarf wieder ins Bewußtsein gelangen. Das heißt, wenn man sein Unterbewußtsein einmal trainiert hat, »schlank zu werden«, wird es diese Gedankenmuster weiter aufrechterhalten, selbst wenn sie von irgendeiner Instanz, etwa den Medien, in Zweifel gezogen werden.

Was Sie essen, tun oder sagen wird dann von neuen Bildern im Unterbewußtsein bestimmt. Die Übungen in Kapitel 5 werden Sie lehren, diese neuen Bilder in das Unterbewußtsein einzugeben. Das Unterbewußtsein ähnelt einer riesigen Datenbank. Es erinnert sich an alles, was Sie heute gedacht, gesagt, gelesen, gesehen, gehört oder gelernt haben. Wenn Sie bewußt ausgewählte Gedanken und Bilder eingeben, schaffen Sie damit ein Gegengewicht zu unerwünschten Informationen, die Sie unbewußt aufgenommen haben.

Das Unterbewußtsein wird trotz aller Hindernisse Ihr Ziel verfolgen

Van Fleet schreibt in seinem Buch *Hidden Power: How to Unleash the Power of Your Subconscious Mind* (Verborgene Kraft: Wie man die Kraft des Unterbewußtseins entfesselt), das Unterbewußtsein sei ein »zielsuchender Mechanismus«. Man braucht sich keine Gedanken darüber zu machen, in welcher Weise das Unterbewußte an dem gewünschten Ergebnis arbeiten wird, denn

Was Sie jetzt gleich tun können

Erinnern Sie sich daran, wie Sie einmal etwas tun wollten, aber keine Möglichkeit dazu hatten? Ist eine unerwartete Lösung aufgetaucht, sobald Sie nicht mehr darüber nachgedacht haben? Beschreiben Sie die Situation und die Lösung hier oder in Ihrem Tagebuch:

....

....

....

....

für die Mittel wird gesorgt, indem man sich einfach auf das Ziel konzentriert.

Ich habe festgestellt, daß das sowohl für das Schlankwerden mit Gedankenkraft als auch für alle anderen Aufgaben gilt, die ich dem Unterbewußtsein übertragen habe! Es erscheint fast zu einfach, zu schön, um wahr zu sein, aber es funktioniert tatsächlich.

Das Unterbewußtsein ist nicht in der Lage, Werturteile abzugeben oder zu entscheiden, welche Bilder Sie Wirklichkeit werden lassen wollen und welche lieber nicht. Es arbeitet wie ein Computer und erfüllt Ihre Forderungen, ob sie nun gut oder schlecht sind! Es ist Aufgabe Ihres Bewußtseins, zwischen erlaubt und unerlaubt, moralisch und unmoralisch, schön und häßlich zu unterscheiden.

In seinem Buch *The Lively Mind* (Der lebendige Verstand) schreibt Jules Willing, der Verstand wäre der »beste Computer«, weil er sich ständig selbst verbessere und selbst seine Kapazität erweitere. Was für ein machtvolles Werkzeug steht uns damit zur Verfügung!

Lassen Sie Ihr Unterbewußtsein arbeiten, während Sie schlafen

Eine der besten Möglichkeiten, das Unterbewußtsein für sich arbeiten zu lassen, besteht während des Schlafs. Das Unterbewußtsein hört nie auf, Bilder zu verarbeiten und zu realisieren, selbst im Schlaf nicht. Vielleicht spiegelt sich in manchen Ihrer Träume sogar Ihr Prozeß des Schlankwerdens durch Gedankenkraft. Willing bezeichnet Träume als »universelle Sprache« und sagt, man solle sie als »die persönliche Form der mentalen Kommunikation mit sich selbst« betrachten.

Wie viele andere Fachleute auch, betont Willing, daß man dieses »träumende Ich« einsetzen kann, um »den Bereich der mentalen Aktivität zu erweitern«. Außerdem weist er auf Wissenschaftler hin, die ein Problem »überschlafen« haben und dann mit vollständigen Lösungen, manchmal in Gestalt neuer Erfindungen, aufgewacht sind.

Was Sie tun können

Wann haben Sie das letzte Mal eine Frage oder ein Problem »überschlafen« und sind mit einer klaren Vorstellung aufgewacht, wie Sie die Sache angehen wollen? Beschreiben Sie Ihr Erlebnis hier oder in Ihrem Tagebuch:

....
....
....
....

Willing empfiehlt, »beim Einschlafen über das Problem nachzudenken. Manche Menschen finden es nützlich, zu ›beschließen‹, das Problem im Schlaf zu lösen, ihrem Geist also zu ›befehlen‹, sich damit zu beschäftigen.« In Kapitel 5 und 7 werden Sie mehr darüber erfahren.

Die Sprache des Unterbewußtseins zu verstehen, ist unerläßlich

Wenn wir mit dem Unterbewußtsein in seiner eigenen Sprache, die aus lebhaften Bildern besteht, kommunizieren, wird es nicht nur das Bild produzieren, sondern uns auch veranlassen, es in irgendeiner Weise in unserem Leben zu verwirklichen. Diesen Vorgang zu beobachten, ist geradezu unheimlich. Um sich zu beweisen, daß es tatsächlich funktioniert, sollten Sie ein paar einfache Experimente machen: Versuchen Sie, nicht an ein Nilpferd zu denken. Was kommt Ihnen als erstes in den Sinn? Die Worte? Sicherlich nicht; es ist das Bild von einem Nilpferd, vielleicht gefolgt von den Worten und der Bedeutung der Worte.

Wie wirkt es sich also auf das Abnehmen aus, wenn jemand sagt: »Ich glaube, ich bin zu dick!« oder »Ich nehme bestimmt zu.« Damit hat die Betreffende ihrem Unterbewußtsein den Befehl gegeben, dafür zu sorgen, daß ihr Körper Gewicht zulegt.

Eine andere Formulierung hingegen verändert auch das Bild – und das führt zu einem wünschenswerteren Ergebnis. Ich schlage vor, daß Sie als Teil Ihrer täglichen »Gedankendiät« einen Schlüsselsatz formulieren, wie: *Ich fühle mich so schlank!* oder, wenn das noch zu unglaubwürdig ist: *Ich fühle mich heute ein bißchen schlanker.* Oder wiederholen Sie einfach das Wort *schlank.*

Das Unterbewußtsein hört keine Verneinungen

Wenn jemand sagt: »Ich nehme nicht weiter zu«, versteht das Unterbewußtsein: »Ich nehme weiter zu.« Weil es so wichtig ist, das nicht zu vergessen, werde ich es immer wieder erwähnen.

Das Unterbewußtsein arbeitet mit Bildern. Genau die Bilder, die Sie mit Ihren Worten schaffen, interpretiert es als Befehle.

Man kann es mit der Angst bekommen, wenn man sich überlegt, welche Bilder wir unserem Unterbewußtsein zumuten. Ich jedenfalls weiß niemanden, den ich so streng beurteile wie mich selbst!

Wie Sie mit sich sprechen bestimmt Ihr Selbstbild

Ein Erfolgsgeheimnis besteht – wie jeder wirklich erfolgreiche Sportler, Geschäftsmann, Künstler, Musiker oder Schauspieler weiß – darin, wie man die eigene, kreative Vorstellungskraft und die Art, wie man mit sich selbst spricht, einsetzt. Erfolgreiche Menschen benutzen vielleicht nicht die gleichen Wörter wie ich, aber sie sagen etwas wie: »Ich bin nie auch nur auf den Gedanken gekommen, daß ich versagen könnte«, »Ich habe immer gewußt, daß ich gewinnen würde« oder »Ich habe einfach vor mir gesehen, wie ich mein Ziel erreiche – etwas anderes wäre für mich nicht in Frage gekommen.«

Solche Menschen machen sich nicht selbst nieder mit Sätzen wie: »Ich habe wirklich Übergewicht«, »Ich schaffe es nie« oder »Niemand kann mich lieben, wenn ich so aussehe.«

Siegertypen

Siegertypen werden von ihren eigenen Maßstäben und Überzeugungen geleitet, nicht von fremden. Wie möchten *Sie* aussehen, sich fühlen, wie möchten Sie sein? Siegertypen übernehmen die Führung, weil sie gewohnt sind, Verantwortung zu tragen. Wer soll über Ihren Körper bestimmen? Siegertypen sind glückliche, fröhliche Menschen mit positiver Lebenseinstellung. Warum freuen Sie sich nicht jetzt schon über den Erfolg, den Sie mit Sicherheit haben werden? Lesen Sie ein paar Erfolgsgeschichten, um mehr darüber zu erfahren, was Siegertypen verbindet. Nehmen Sie sich vor, pro Monat eine Geschichte über Menschen zu lesen, die große Schwierigkeiten überwunden haben oder in Sport und Beruf erfolgreich waren. Erfolgsmenschen scheinen im Besitz eines Seils zu sein, an dem sie sich festhalten, und das bedeutet: »Ich bin ein Siegertyp, ich werde Erfolg haben, und ich weiß, daß ich ihn schon habe.« Wenn sie in irgendeiner Situation ans Ende ihres Seils gelangen, machen sie einen Knoten hinein und halten sich gut fest! Wie die meisten Menschen kann auch ich sehr hart zu mir sein. Ich erinnere mein Unterbewußtsein daran, daß ich nicht perfekt zu sein brauche. Mir Unvollkommenheit zu erlauben, gibt mir die Freiheit, mehr über das Leben zu lernen. Ich beobachte Kinder und nehme mir ein Beispiel an ihnen. Die ganz Kleinen, die gerade Laufen lernen, sind mit sich und ihrem Ziel zufrieden, ganz gleich, wie oft sie hinfallen. Sie weinen selten über ihre Mißerfolge, bis jemand ihnen erzählt, daß sie Fehler machen.

Wer beherrscht das Unterbewußtsein?

Ihr höheres Selbst, Ihr wirkliches Ich, die Seele, kann Ihr Unterbewußtsein bestimmen. Mit Gedankenkraft schlank zu werden funktioniert am besten, wenn Sie sich als göttliches, spirituelles Wesen begreifen, das nicht nur aus Körper und Geist besteht. Nachfolgend eine Übung, die Sie mit diesem Teil Ihres Ich in Kontakt bringt.

Was Sie jetzt gleich tun können

Stellen Sie sich vor, Sie bekommen einen Strauß Ihrer Lieblingsblumen geschenkt. Sie können die Kühle der Stengel durch das Einwickelpapier fühlen. Sie riechen den wunderbaren, vertrauten Duft der Blüten. Sie sind begeistert über den Strauß, bedanken sich und fragen nach dem Anlaß. Der Überbringer oder die Überbringerin sagt, die Blumen seien eine Anerkennung für Ihren Erfolg auf dem Weg, schlanker und schöner zu werden – oder wie auch immer Sie werden möchten.

Soeben zog vor Ihrem inneren Auge eine Szene vorbei, die Sie mit Ihren physischen Augen nicht sehen konnten, weil Sie gerade diesen Text gelesen haben. Sie haben die Szene auch nicht bloß mit dem Verstand erfaßt, denn man kann sich zweifellos von seinen Gedanken distanzieren und sie von außen betrachten. Nein, es gibt einen Teil von Ihnen, der Ihre Gedanken, ihre Emotionen und Ihre physische Umgebung ständig mit gelassener Distanz beobachtet. Das ist nicht das Unterbewußtsein, sondern die Seele, das wahre Ich.

Wenn wir diese verschiedenen Aspekte in Einklang bringen, kann das Wunder bewirken. James T. Mangan hat dieses Prinzip entdeckt und in seinem Buch *The Secret of Perfect Living* (Das Geheimnis des perfekten Lebens) erläutert. Er hörte in sich hinein und fand heraus, daß sein Selbst, sein Verstand und sein Unterbewußtsein am besten dann zusammenarbeiteten, wenn er immer wieder das Wort »zusammen« sagte.

Diese simple Wiederholung (ohne daß er über die Bedeutung des Wortes nachdachte) brachte ihn auf viele andere Wörter, die seine Gesundheit und sein Leben veränderten. Er nannte sie »Schalter«. In gewisser Weise haben Ihre neuen Bilder genau diese Funktion. Mit ihrer Hilfe können Sie von einer Lebensform, von einer Seinsweise auf eine andere »umschalten«.

Schlank mit Gedankenkraft wirkt ohne Diät weiter

Schlank mit Gedankenkraft hilft Ihnen, das Bild, das Sie von sich selbst haben, mit der Zeit zu verändern, und das führt zu langfristigem Erfolg. Ich habe das selbst erlebt und bin mit Hilfe dieser Methode jetzt seit zwölf Jahren schlank. Je intensiver ich mir vorstelle, schlank zu sein, desto mehr esse, gehe, spreche und handle ich wie eine schlanke Frau. Je mehr ich mich wie eine schlanke Frau benehme, desto mehr betrachten mich auch andere als schlank. Und je mehr ich automatisch wie ein schlanker Mensch handle und esse, desto leichter ist es, das erwünschte Gewicht zu halten.

Schlankwerden durch Gedankenkraft ist ein Phänomen, das mich nach wie vor in Erstaunen versetzt. Ich stelle fest, daß ich noch immer dabei bin, uralte Eßmuster zu verändern, die aus einer Zeit stammen, in der ich dachte, ich hätte nicht genug zu essen oder ich dürfte bestimmte Dinge nicht essen. Ich koche und esse nach wie vor sehr gern, doch Schlank mit Gedankenkraft hilft mir, ganz von selbst schlank zu bleiben.

Andere Menschen positiv zu sehen, hilft, sich selbst positiv zu sehen

Ein wesentliches Element meiner Methode besteht für mich darin, andere Menschen nicht nur in ihrer Körperlichkeit zu sehen. Ich suche auch nach dem Schönen in jeder menschlichen Erscheinung, wie unauffällig es auch sein mag. Vielleicht sind es die Augen, die Art, wie jemand spricht, oder das ruhige Wesen, die mich faszinieren.

Das hat praktische Auswirkungen. Erstens richtet es meine Aufmerksamkeit auf etwas anderes als »Dick oder Dünn«, ganz gleich, um wen es sich handelt.

Zweitens versetzt es mich in die Lage, kein Urteil abzugeben, weder über mich selbst noch über andere. Wenn ich jemand anders kritisieren würde, wäre das nur eine Verschärfung meines strengen Urteils über mich selbst. Drittens weckt es Verständnis und Toleranz anderen gegenüber.

Es ist nicht so, daß ich den Körperumfang meines Gegenübers nicht wahrnehme und nichts dabei empfinde. Doch ich versuche einfach, meine Aufmerksamkeit auf eine andere Ebene zu lenken und die innere Schönheit des Menschen zu sehen, wo immer ich sie finden kann. Wenn ich aber doch einmal das Erscheinungsbild eines anderen beurteile, erinnert mich das an meine eigene frühere Angst, dick auszusehen. Das liegt natürlich auch daran, daß uns in den Medien ständig vorgeführt wird, daß Übergewicht nicht gefragt ist. Ich habe mich bewußt entschieden, diesen Teil meines Lebens zu verändern, und ich achte ständig darauf, daß ich gesunde, schlanke Gedanken denke.

Ich habe gelernt, mich selbst dann schlank zu sehen, wenn ich zunehme

Wir alle nehmen hin und wieder ein paar Pfunde zu oder ab. Wenn ich zum Beispiel dicker werde, weil sich aus irgendwelchen Gründen Wasser im Körper angesammelt hat, muß ich mir immer wieder vorsagen, daß das vorübergehend ist und ich in ein paar Tagen wieder schlank sein werde.

Das scheint mein Unterbewußtsein zu befriedigen, solange ich keine ängstlichen Gedanken und Bilder heraufbeschwöre, wie: *Bestimmt nehme ich wieder zu!*

Wenn ich den mentalen Mechanismus auf die oben beschrieben Art einsetze, kann ich mein Gewicht ohne Abmagerungskuren halten.

Auch Sie können sich schlankdenken

Die Besitzerin eines Schönheitssalons erzählte mir, sie würde schon seit Jahren mit der Vorstellung arbeiten, sich schlank zu denken. Sie freute sich sehr, als sie die Ankündigung für mein Seminar las, denn nun konnten auch andere ihren Erfolg bestätigen. Sie war wie ich allein auf diese Methode gestoßen und hatte sie weiterentwickelt.

Als ich sie kennenlernte, wandte sie schon seit mehreren Jahren die Technik des positiven Imaginierens an. Sie besaß eine tolle Figur. Da sie sportliche Übungen nicht mochte, hatte sie versucht, ihre Muskeln durch Gedankenkraft aufzubauen. Es funktionierte! Irgendwie wurde ihr Unterbewußtsein durch die Bilder, die sie ihm vermittelte, veranlaßt, ihre Muskeln so zu aktivieren, daß sie gut in Form blieben.

Eine andere Frau, die ich kennenlernte, ich nenne sie Beth, entdeckte diese sehr wirkungsvolle Methode der Gewichtsreduktion fast durch Zufall. Sie hatte versucht abzunehmen, aber leider ohne Erfolg. Eines Abends ging sie zu einem Konzert Leon Russels. Er stellte einen Song über seine Freundin Emily vor. Diese Emily stand mit ihm auf der Bühne, und Beth zufolge war sie doppelt so dick wie sie selbst zu dieser Zeit – und Beth war ganz schön mollig!

Beth meinte:»Sie war offensichtlich die Frau, die er liebte, und ich dachte:›Nun schau sie dir an, sie ist wirklich dick und fett, und er besingt ihre Schönheit und nennt sie seine süße Emily. Er macht sie unsterblich.‹ Da beschloß ich:›Das kann ich auch. Es ist egal, wie ich aussehe. Es gibt Menschen, die mich so lieben, wie ich bin.‹

Ich ging nach Hause und begann einfach»abzuschmelzen«. Ich hörte mit dem Diäthalten auf und nahm drei Hosengrößen ab, indem ich dicke Eisbecher aß! Das war praktisch alles, wovon ich mich in diesem Sommer ernährte. Plötzlich sah ich den Zusammenhang. Ich hatte ein gutes Gefühl und dachte und empfand wie eine schlanke Frau. Jeden Tag, an dem ich so einen Eisbecher aß, nahm ich ein Pfund ab. Ich wußte, daß ich ohne Diät Gewicht verlor und essen konnte, was ich wollte, und daß ich nicht verhungerte. Ich verwöhnte mich. Ich liebte diese großen Eisberge!«Vorsicht! Ich empfehle Ihnen nicht jeden Tag Eisbecher als Mittagessen, denn das ist nicht gerade eine gesunde Ernährung, aber diese Frau hatte zufällig eine Methode entdeckt, die bei ihr funktionierte.

Beth erzählte ihre Geschichte weiter:»Nachdem ich ein paar Wochen abgenommen hatte, war ich natürlich sehr froh. Es war ein ganz neues Gefühl.

Als die Pfunde so nach und nach verschwanden, wurde ich gefragt, was ich tat, um abzunehmen. Ich erzählte, ich würde jeden Tag einen Eisbecher essen. ›Das kann doch nicht wahr sein! Du machst bestimmt auch noch was anderes‹, bekam ich zur Antwort. Alle versuchten, mir nachzuweisen, daß ich mich an eine Diät hielt.

Mein Vater diskutierte ständig mit mir darüber und sagte: ›Das kann gar nicht funktionieren.‹ Also versuchte ich, eine logische Erklärung zu finden. Als ich das nicht konnte, dachte ich: ›Es kann nicht mehr funktionieren.‹

Dann meinte jemand anders: ›Wenn du nicht damit aufhörst, nimmst du zuviel ab und wirst mager.‹ Ich bekam Angst, denn ich wußte zu dem Zeitpunkt nicht, wie ich mit dem Abnehmen aufhören sollte. Aber jetzt weiß ich es. Loszulassen und mein Übergewicht zu akzeptieren war bereits Schlankwerden mit Gedankenkraft, denn ich nahm mich so, wie ich wirklich war. Ein Satz, den ich während dieser Zeit las, drückte aus, was ich fühlte: ›Unter all diesem Fett steckt ein sehr schlanker Körper!‹«

Ein anderes Beispiel für die erfolgreiche Anwendung der Methode des Schlankwerdens mit Gedankenkraft stammt von einer Frau, die ich Margaret nennen möchte. Sie hatte mein Buch gelesen und praktizierte die Techniken nur fünf Minuten am Tag. Margaret sagte, sie wäre nicht sehr diszipliniert. »Allein der Gedanke an eine Diät regt mich schon auf. Ohne Willenskraft und Anstrengung etwas zu tun, ist für mich also genau das Richtige.«

Margaret meinte, sie würde die Übungen gern ausführen, weil sie ihr so leichtfielen. Sie stellte sich vor, wie sie aussehen wollte, und hielt sich dieses Bild jeden Tag ein paar Minuten lang vor Augen. »Das Beste ist«, sagte sie, »daß es funktioniert. Es funktioniert wirklich! Ich war einfach verblüfft, welche Ergebnisse ich auf Anhieb erzielte. Vor etwa zwei Monaten habe ich angefangen, mich schlank zu denken, und ich habe schon zehn Pfund abgenommen!

Manchen mag das nicht viel erscheinen, aber für mich bedeutet es eine Menge. Ich mußte mich beim Essen nicht zurückhalten, brauchte nicht zu joggen oder Gymnastik zu treiben; ich mußte mich nur so sehen, wie ich gerne sein wollte.

Sogar mein Mann machte mir Komplimente, wie schlank ich sei, dabei sieht er solche Dinge sonst nie. Als er zu mir sagte: ›Du wirst ja richtig mager, Schatz‹, hat es mich fast umgehau'n!«

Schlank mit Gedankenkraft kann jedem helfen

Schlankwerden durch Gedankenkraft funktioniert, weil das Unterbewußtsein die Anweisungen ausführt, die es über die

Vorstellungskraft bekommt. Was wir denken, träumen, fühlen, uns vorstellen und worauf wir uns konzentrieren, das wird mit Sicherheit geschehen.

Wayne Dyer hat ein Buch geschrieben mit dem Titel *Sie sollten nach den Sternen greifen*. Darin spricht er vom »grenzenlosen« Menschen, der die Fähigkeit besitzt, über seine Gesundheit, seinen Reichtum und alles andere im Leben, das er erreichen will, selbst zu bestimmen. Man braucht dazu keine speziellen Gene und keine besondere Ausbildung, sondern nur den Wunsch, so gut zu sein, wie man kann. Man muß bereit sein, Herausforderungen anzunehmen.

Dyer stellt die bedenkenswerte Frage: »Warum sind wir überhaupt hier?« Wir haben uns entschieden, am Leben und unter den Lebenden zu bleiben, warum sollen wir das also nicht so gut machen, wie wir nur können? Ich empfehle Dyers Bücher gerne, denn sie machen Mut und vermitteln das Gefühl, daß man kann, was man will. Ihr Verstand muß davon überzeugt sein, daß die Kontrollzentrale dafür in Ihrem Innern liegt, nicht außerhalb.

Sie haben die Macht und das Recht, sich so zu sehen, wie Sie sein möchten. Ihre Vorstellungskraft ist ein göttliches Geschenk, über dessen Einsatz Sie frei entscheiden. Wofür entscheiden Sie sich?

Sie brauchen sich nicht um das »Wie« zu kümmern

Denken Sie daran, das Unterbewußtsein stellt die Bilder, die Sie ihm anbieten, nicht in Frage. Sie können es so für sich arbeiten lassen, wie Sie möchten. Nötig sind dazu nur sanfte, beharrliche »Kommandos« in Form konzentrierter Bilder.

Die Fähigkeit des Unterbewußtseins, kreativ zu sein, ist größer, als wir mit unserem Bewußtsein erfassen können. Wenn man versucht herauszubekommen, wie es funktionieren könnte, beeinträchtigt das möglicherweise den Erfolg. Unternehmen Sie also nichts in dieser Richtung, sondern experimentieren Sie einfach ganz entspannt damit – und beobachten Sie, wie Wunder geschehen!

Schließen Sie nun die Augen, und konzentrieren Sie sich auf

Was Sie jetzt gleich tun können

Haben Sie noch Bedenken, aus irgendwelchen Gründen Ihr Ziel nicht erreichen zu können? Versuchen Sie es mit dieser Übung. Schreiben Sie alle Hindernisse auf, die zwischen Ihnen und Ihrem Ziel stehen:

....

....

....

das Bild, das Ihr Ziel verkörpert. Stellen Sie sich vor, daß dieses Bild eine unterbewußte Rakete startet, die, durch alle Hindernisse hindurch, mühelos Ihr Ziel findet. Visualisieren Sie Ihre neue Figur, und sagen Sie laut:»Ich bin so glücklich, daß ich es geschafft habe. Ich habe mein Ziel erreicht, auch wenn ich ein paar Hindernisse zu überwinden hatte.«

Wenn Sie sich am Ziel sehen können, stärkt das Ihren Glauben, daß das Ziel erreichbar ist. Und wenn Sie glauben, daß Sie alles sein können, was Sie sein wollen, haben Sie bereits etwas in Bewegung gebracht!

Das folgende Kapitel wird Ihnen helfen, Ihren Traum von einem neuen Ich zu verwirklichen.

Kapitel 5

Wie man es macht

**»Der erste Schritt in Richtung auf bessere
Zeiten ist, sie sich vorzustellen.«**

CHINESISCHER GLÜCKSKEKS

Woher wissen Sie, wie Sie aussehen möchten?

Um mit dem Schlankwerden durch Gedankenkraft zu beginnen, ist es wichtig, uns klarzumachen, wie sehr wir mit falschen Bildern überschwemmt werden. Wie Sondra Ray im Prolog zu ihrem Buch *Schlank durch positives Denken* erwähnt, begann die Modeindustrie vor Jahren, superschlanke Mannequins anzuwerben, denn die weiblicheren, fülligeren Figuren lenkten von den Modellen der Designer ab. Heutzutage gilt dieses Frauenbild als Maßstab, obwohl es ursprünglich gerade wegen seiner fehlenden Attraktivität kreiert wurde!

Die Medien fördern dieses Idealbild, indem sie zum Beispiel Werbung für Diätlimonade machen, bei der Teenager stellvertretend für alle Frauen stehen. Indirekt wird damit natürlich gesagt, daß man die entsprechende Diätlimonade trinken muß, wenn man mit achtunddreißig nicht mehr so aussieht wie diese Mädchen!

Was halten Männer von sehr schlanken Frauen? Vor kurzem habe ich eine Unterhaltung zwischen zwei Männern verfolgt, deren Partnerinnen superschlanke Models sind. Der eine sagte, er hätte das Gefühl, seine Freundin würde sich zu Tode hungern. Wenn er sie ohne Kleider sähe, kämen ihm vor Mitleid fast die Tränen. Der andere meinte, er hätte das Gefühl, mit einem Fahrrad ins Bett zu gehen! Machen Sie selbst eine Umfrage, und stellen Sie fest, was dem anderen Geschlecht wirklich gefällt. Vielleicht wird es Sie angenehm überraschen, daß den meisten Männern ein paar Rundungen ganz lieb sind. Wie Sie aussehen möchten, liegt bei Ihnen. Vielleicht wollen Sie zunehmen oder auch nur Ihr Gewicht halten, dabei aber die Pölsterchen anders verteilt wissen, weiblicher werden, kräftiger, gesünder, jugendlicher oder einfach zufriedener mit Ihrem Aussehen.

Ich mußte mich und meinen Körper akzeptieren, bevor ich ihn verändern konnte

Bevor ich durch Gedankenkraft schlank werden konnte, lernte ich, meinen Körper so, wie er war, schön zu finden. Je mehr Schönheit ich in ihm sah, desto mehr sahen sie auch andere und machten Bemerkungen darüber. Ich nahm die Komplimente so liebenswürdig entgegen, wie ich konnte, und stellte mir vor, daß Sie der Wahrheit entsprachen.

Wie schaffte ich es, meinen Körper zu akzeptieren? Ich hatte während meiner Collegezeit das Glück, für eine Malgruppe Modell zu stehen. Die Künstler hatten genug von ausgezehrten Twiggy-Figuren, wie sie es nannten. Sie sagten, sie wären von meiner »Rubensfigur« begeistert, denn diese Rundungen wären interessanter zu zeichnen! Mit den Jahren stärkte das mein Selbstvertrauen.

Ich höre diese aufmunternden Worte der Künstler noch immer; sie geben mir ein gutes Gefühl, ganz gleich, welche »Unvollkommenheiten« mein Körper aufweist. Keine Frau sieht so aus wie eine Barbiepuppe. Aber alle würden gerne irgend etwas an sich verändern, wie vollkommen sie anderen auch erscheinen mögen.

Was Sie jetzt gleich tun können

Probieren Sie diese Übung sofort aus, Sie werden sich danach sehr gut fühlen.
Beginnen Sie bei den Füßen, und arbeiten Sie sich bis zum Kopf hinauf. Beziehen Sie alle Muskeln, Organe und Drüsen, die Ihnen einfallen, mit ein, und sagen Sie jedem einzelnen Körperteil, wie sehr Sie es lieben. Danken Sie allen Zellen und Körperteilen für das, was sie im Lauf der Jahre für Sie getan haben, und lächeln Sie dabei.
Versuchen Sie, diese Übung regelmäßig zu machen, wenn Sie duschen oder irgendwo ruhig sitzen. Sie werden Ihren Körper nicht nur mehr lieben, sondern er wird auch gesünder werden.

Die Umformung meines Selbstbildes fand statt, als ich mich akzeptiert hatte

Nachdem ich so, wie ich war, zufriedener mit mir war und das Aussehen meines Körpers akzeptierte, konnte ich beginnen, aus einer liebevollen Haltung heraus meinen Körper so zu formen, wie ich ihn mir vorstellte. Gesundheit stand an oberster Stelle. Egal, wieviel ich wog, ich wollte gesund und energiegeladen sein.

Meine Erfahrung mit dem Modellstehen bewies mir, daß in unserer Gesellschaft zuviel Wert auf Schlankheit gelegt wird. Nicht nur, daß die meisten Männer superschlanke Frauen unattraktiv finden, diese Schlankheitsnorm führt auch häufig zu Krankheiten wie Bulimie und Magersucht.

In keinem anderen Land ist die Vorstellung von weiblicher Schönheit so neurotisch wie in Amerika! In der hawaiischen Kultur beispielsweise bedeutet mehr Fett mehr *mana* oder Geist. In der Geschichte wurden dicke Männer und Frauen häufig als mächtig und schön angesehen. Wie wir aussehen möchten, muß uns ganz persönlich überlassen bleiben.

Das Bild, das ich verwirklichen wollte, sollte nach meinen

eigenen Maßstäben, nicht nach fremden geschaffen werden. Ich wußte, daß ich mich lieben und akzeptieren konnte, ganz gleich, wie ich aussah, denn ich war *kein* Körper, sondern eine göttliche Seele.

Der Prozeß des Schlankwerdens mit Gedankenkraft begann für mich mit geistiger Disziplin. Ich beschloß, nur noch so von mir zu denken, als wäre ich bereits schlank. Ich warf meine Waage hinaus, denn ich wollte nicht mehr ihr Sklave sein, und bekam allmählich ein Gefühl dafür, wie es sein würde, in einem festen, kräftigen, schlanken, dabei aber weiblichen Körper zu leben. Es war das Gefühl, in allerbester Verfassung zu sein, energiegeladen, fit und zu allem bereit!

Meiner Angst vor dem Essen begegnete ich, indem ich aß, was ich wollte. Nach einer Weile stellte ich fest, daß ich anders aß. Ich versuchte, immer erst auf meinen Körper zu hören und dann das zu essen, worauf ich Appetit hatte. Später, als meine Haßliebe zum Essen überwunden war, hörte ich stärker auf mein höheres Selbst und fand heraus, was ich brauchte, um mich rundum gesund zu fühlen. Ich ernähre mich heute mit viel frischem Gemüse und Obst, Getreide und anderer gesunder Kost, aber Butter liebe ich noch immer, und ich esse sie auch!

Ohne daß ich das Gefühl hatte, mich dazu zwingen zu müssen, fand ich mich plötzlich in einem Fitneßklub wieder. Ich hatte wirklich Lust dazu. Es war ein Fitneßstudio für Frauen, und viele von ihnen interessierten sich für Bodybuilding. Und so kam ich zur Arbeit mit Gewichten. Auszuprobieren, wieviel Gewicht ich heben, drücken oder stemmen konnte, erschien mir einfach selbstverständlich, machte Spaß und war eine Herausforderung. Ich beobachtete, wie mein Körper sich veränderte, und war erstaunt darüber, daß er sich genau so entwickelte, wie ich es mir vorgestellt hatte: kräftig und schlank, aber immer noch weiblich weich. Später gab es noch andere Dinge, die ich an meinem Körper verändern wollte, also konzentrierte ich mich darauf und änderte sie. In Kapitel 10 werden Sie mehr darüber erfahren.

Das Idealbild auswählen

Mein Körper paßte sich dem Bild an, auf das ich meine Aufmerksamkeit konzentrierte. Glauben Sie mir, wenn ich das kann, können Sie es auch! Da die Vorstellungskraft mit den Bildern arbeitet, die man ihr vorgibt, ist es unerläßlich, ein Bild zu wählen, das *Ihr* Wunschbild ist und nicht etwa das Ihres Mannes. Wie würden Sie sich am wohlsten fühlen? Wir wissen, daß sich nicht alles an unserem Körper verändern läßt, zumindest nicht ohne einen größeren chirurgischen Eingriff. Doch andere Bereiche können wir beeinflussen. Im folgenden sind einige davon aufgelistet. Vielleicht möchten Sie darüber nachdenken, bevor Sie die anschließende kurze Übung ausführen. Beziehen Sie auch Bereiche mit ein, die für Sie relevant, hier aber nicht aufgeführt sind.

Gesundheit	Kraft	Attraktivität
Energie	Stoffwechsel	Figur
Körpermasse	Koordination	Allgemeines
Beweglichkeit	Sportliche Fähigkeiten	Erscheinungsbild

Was Sie jetzt gleich tun können

Schreiben Sie hier oder in Ihrem Tagebuch auf, wie Sie Ihren idealen Körper beschreiben würden:

....

....

....

....

....

....

....

....

Grundregeln für das Schlankwerden mit Gedankenkraft

Bevor Sie die weiter unten aufgeführten Techniken anwenden, machen Sie sich bitte klar, daß es entscheidend vom Beachten der folgenden Grundprinzipien abhängt, ob diese Techniken funktionieren oder nicht. Nehmen Sie diese Richtlinien ernst, denn nur so haben Sie Erfolg.

1. Sprechen Sie über Ihr Vorhaben ausschließlich mit Menschen, auf deren volle Unterstützung Sie zählen können, die Ihr Bestes wollen und positiv und zukunftsorientiert denken. Der Grund dafür ist, daß manche Menschen Ihr Vorhaben vielleicht *unbewußt* sabotieren, weil sie selbst ein unbefriedigendes Bild von sich haben. Wir sind schon genug damit beschäftigt, mit unserer eigenen Negativität zurechtzukommen und sie zu überwinden! Vielleicht möchten Sie auch mit niemandem über Ihr Vorhaben sprechen, bis Sie sich selbst bewiesen haben, daß diese Methode tatsächlich funktioniert.

2. Wenn Sie Sätze formulieren, die Sie sich immer wieder vorsagen wollen, lassen Sie alle Verneinungen wie *nicht, nie, kein, darf nicht, werde nicht, soll nicht,* fort. Wenn Sie einen Satz mit einer Verneinung denken, sagen Sie sich: »löschen« oder »ausradieren«, und ersetzen Sie ihn sofort durch einen positiv formulierten Satz. Zum Beispiel: Ersetzen Sie »Ich bin nicht dick« durch »Ich bin schlank«. Achten Sie darauf, wie sich damit auch das geistige Bild verändert. Denken Sie daran, daß die Sprache des Unterbewußtseins ausschließlich aus Bildern besteht.

3. Entspannung ist bei dieser lebensverändernden Arbeit unbedingt notwendig. Das Unterbewußtsein ist viel aufnahmebereiter, wenn wir entspannt sind und der Geist ruhig ist. Am leichtesten erreicht man diesen Zustand, wenn man die Techniken der konzentrierten Imagination kurz vor dem Einschlafen, gleich nach dem Aufwachen oder unmittelbar nach Dehnübungen oder anderen gymnastischen oder sportlichen Aktivitäten anwendet. Neuere Forschungsergebnisse haben gezeigt, daß der Geist sich entspannt, wenn auch der Körper entspannt ist, denn zwischen Körper und Geist besteht keine Trennung.

Die folgenden Übungen sind für das Unterbewußtsein unverzichtbar

Die einfachen Hilfsmittel, die ich hier vorstelle, sind für die Ergebnisse, die Sie mit diesem Programm erzielen wollen, unverzichtbar. Sie müssen mindestens eine dieser Übungen regelmäßig, das heißt täglich, praktizieren – mehrmals am Tag ist natürlich besser.

Machen Sie die Übungen zu einem wichtigen Teil Ihres Lebens. Sie vielleicht nur eine Woche lang auszuführen, ist sinnlos. Sie müssen sich diesen Übungen so lange widmen, bis Sie Ihre Einstellung zu sich selbst geändert haben. Wieviel Zeit man dazu braucht, ist individuell verschieden.

Beginnen Sie immer mit einer Entspannungsübung. Sie können die »Sofortige Beruhigung« (Seite 82) ausführen, eine eigene Übung oder eine der hier angebotenen Übungen wählen. Wofür Sie sich auch entscheiden, bleiben Sie dabei, bis Sie das Gefühl haben, daß Sie eine Abwechslung brauchen; dann probieren Sie es mit einer neuen Übung.

Entspannungsübung 1

Ihr eigenes Entspannungs-Schlüsselbild wirkt vielleicht am besten

Was Sie jetzt gleich tun können

Beschreiben Sie hier oder in Ihrem Tagebuch das entspannendste Erlebnis, das Sie jemals hatten:

. . . .

. . . .

. . . .

. . . .

. . . .

Denken Sie an dieses Erlebnis, bevor Sie Ihre tägliche Übung beginnen, und schaffen Sie sich so ein »Entspannungs-Schlüsselbild«.

Entspannungsübung 2

Sofortige Beruhigung

Zur »Sofortigen Beruhigung«, wenn Sie in »Panik« geraten und sich entspannen wollen, setzen Sie am besten die folgende Technik ein, die von Robert Cooper stammt. Sie ist so wirksam, daß sie auch Menschen beruhigt, die völlig außer sich sind. Führen Sie sie immer dann aus, wenn Sie Ihre Übungen tagsüber machen wollen.

Die »Sofortige Beruhigung« besteht aus fünf Schritten und kann mit etwas Training in etwa fünf Sekunden absolviert werden. Üben Sie diese Methode so lange, bis sie Ihnen zur zweiten Natur geworden ist, wenn Sie sie brauchen.

1. Denken Sie an die Atmung. Atmen Sie sanft, tief, gleichmäßig und ohne Unterbrechung.
2. Machen Sie ein positives Gesicht. Schon mit dem kleinsten Lächeln verändern Sie das Nervensystem. In den Kampfkünsten wird diese Technik schon seit Jahrhunderten praktiziert. Sie können auch innerlich lächeln.
3. Halten Sie sich gerade. Stellen Sie sich einen Faden vor, der am höchsten Punkt Ihres Kopfes befestigt ist und Ihre Wirbelsäule sanft nach oben zieht. Die Schultern sind gesenkt, der Brustkorb ist aufgerichtet, der Bauch entspannt und der Unterkiefer locker.
4. Entspannen Sie sich. Machen Sie einen »Spannungscheck« für Ihren ganzen Körper, und schicken Sie dabei gedanklich eine »Entspannungswelle« durch den Körper, so als würden Sie unter einem Wasserfall stehen, der alle unnötige Spannung fortspült.
5. Beherrschen Sie Ihre Gedanken. Akzeptieren Sie die Situation, in der Sie sich gerade befinden, und befehlen Sie Ihren Gedanken, schnell praktikable Lösungen zu finden. (Beim

Schlank mit Gedankenkraft denken Sie an Ihr Schlüsselbild, an das neue Ich, das Sie schaffen wollen.)
Üben Sie die obigen Techniken täglich.

Entspannungsübung 3

Wolkenbilder können beim Entspannen helfen

Denken Sie an die entspannendste Musik, die Sie kennen. Atmen Sie ruhig, aber tief, und sagen Sie sich, daß Sie sich entspannen wollen. Spüren Sie beim Ausatmen, wie jeder Teil Ihres Körpers sämtliche Spannung losläßt. Beginnen Sie mit den Füßen, wandern Sie dann weiter aufwärts zu den Beinen, den Hüften, dem Rumpf, den Armen, der Brust, dem Nacken und dem Kopf.

Sehen Sie in Ihrer Phantasie flauschige weiße Wolken über einen blauen Himmel ziehen. Nun stellen Sie sich vor, daß die Wolken überall in Ihrem Körper umherschweben. Sehen Sie sich in einer schönen Umgebung, dort, wo Sie sich am liebsten hinflüchten, wenn Sie allein sein wollen.

Jetzt haben Sie Kontakt zu Ihrem »wahren Ich« und können Ihre Aufmerksamkeit am wirksamsten auf das konzentrieren, was Sie tatsächlich wollen.

Ob Sie es glauben oder nicht, wenn Sie sich jeden Tag nur ein paar Momente Zeit nehmen, um sich zu entspannen und sich etwas vorzustellen, werden Sie bald kleine Veränderungen in Ihrem Leben wahrnehmen.

Entspannungsübung 4

Die Entspannungsmethoden der Zenmönche lernen wir gerade erst kennen

Wenn Sie Ihren Geist zur Ruhe bringen wollen, schauen Sie ein paar Augenblicke lang mit weichem Blick auf eine leere Wand. Wenn Ihnen die Augen zufallen, schließen Sie sie, und schauen Sie auf die leere Leinwand des Geistes.

Um eine noch tiefere Entspannung zu erreichen, können Sie bei dieser Übung singen, Wörter oder Sätze wiederholen, die

Ihnen in Ihrem spirituellen Leben viel bedeuten. Viele Religionen kennen Lieder, Gebete, Mantras oder ähnliches, bei dem man Klänge verwendet, um sich innerlich zu entspannen und zu sammeln. Ich habe festgestellt, daß diese Klänge auf mich heilend, sammelnd und entspannend wirken. Sie führen zur Öffnung des Unterbewußtseins.

Schlank mit Gedankenkraft: Übung 1

Machen Sie diese Übung sofort

(Keine Ausreden! Wenn Sie gerade nicht zu Hause sind, führen Sie diese Übung gleich nach Ihrer Heimkehr aus.)

Werfen Sie Ihre Waage hinaus

Ist Ihnen aufgefallen, daß die Überschrift zu diesem Absatz in größeren Buchstaben gedruckt ist als alles andere im Buch? Der Grund dafür ist, daß diese Handlung das *Wichtigste* ist, was Sie überhaupt tun können. Wenn Sie nur das tun und sonst nichts, werden Sie vielleicht schon eine Verbesserung feststellen! Wenn Sie es nicht übers Herz bringen, Ihre Waage wegzuwerfen, zu verschenken oder zu verkaufen, bitten Sie jemanden, sie für Sie zu verstecken. Sie werden sie wahrscheinlich nie wieder benutzen, wenn Sie einmal feststellen, welche Freiheit Sie ohne Waage gewonnen haben. Sollten Sie aber beschließen, Ihre Waage zu behalten und sich täglich zu wiegen, können Sie das Programm gleich hier abbrechen, außer Sie haben aus irgendeinem Grund von ärztlicher Seite Anweisung, sich zu wiegen.

Sich zu wiegen, wirkt dem Schlankwerden mit Gedankenkraft entgegen

Ihr Unterbewußtsein glaubt der Waage, wenn Sie sich wiegen. Sie wollen aber, daß es nur an das neue Bild glaubt. Ihr Unterbewußtsein glaubt entweder, was es sieht, oder, was Sie sich vorstellen. Was soll es glauben? Sie müssen es überlisten, so daß es überzeugt ist, Sie würden jeden Tag schlanker, und Ihren

Körper und Ihren Geist neu programmiert, damit Sie tatsächlich abnehmen!

Sagen Sie sich, daß Sie auf die Art schlank werden, die Ihrem Körper am zuträglichsten ist, selbst wenn Sie dabei Umwege machen.

Wenn Sie noch zögern, ob Sie wirklich aufhören sollen, sich regelmäßig zu wiegen, schreiben Sie das bitte in Ihr Tagebuch. Respektieren Sie Ihre Gefühle. Wir alle haben Ängste, die uns bremsen. Sie haben viele verschiedene Ursachen, aber meist sind sie durch ein geringes Selbstwertgefühl bedingt. Sie brauchen sich nicht mehr fertigzumachen. Sie haben die Wahl! Denken Sie sich schlank, und seien Sie frei!

Schlank mit Gedankenkraft: Übung 2

Durch schriftliches Festhalten wird das Ziel konkret

Sehen Sie sich an, was Sie am Ende von Kapitel 1 und in der Übung zu Beginn dieses Kapitels unter »Das Idealbild auswählen« aufgeschrieben haben. Stellen Sie sich noch einmal vor, wie Ihr Körper aussehen und wie er sich anfühlen soll. Tragen Sie die wichtigsten Kennzeichen Ihres idealen Körperbildes hier oder in Ihrem Tagebuch ein, und verwenden Sie dabei die beiden früheren Beschreibungen und was Ihnen im Moment noch dazu einfällt:

. . . .
. . . .
. . . .
. . . .
. . . .
. . . .
. . . .
. . . .
. . . .

Das Ziel so wirklichkeitsgetreu wie möglich festzuhalten, ist wesentlich für den Erfolg. Ich schreibe alle meine Ziele, die ich erreichen will, in mein Tagebuch. Dabei achte ich sehr darauf, was ich schreibe, denn ich weiß, daß ich sie erreichen werde! Nehmen Sie in Ihre Liste auf, daß Sie mindestens einen Monat lang jeden Tag eine bestimmte Zeit für eine der *Schlank mit der Kraft der Gedanken*-Übungen aufwenden werden. Der Zeitpunkt spielt keine Rolle. Bedenken Sie jedoch, daß Ihr Unterbewußtsein kurz vor dem Einschlafen und gleich nach dem Aufwachen aufnahmebereiter ist als zu anderen Tageszeiten. Halten Sie fest, wie viele Tage und zu welchem Zeitpunkt Sie diese Übung machen werden. Fachleute für Hypnotherapie sagen, daß es einundzwanzig Tage dauert, neue neurologische Pfade zum Unterbewußtsein anzulegen.

Unterschreiben und datieren Sie diese Aufstellung, und betrachten Sie das Schriftstück als Vertrag mit sich selbst – das ist äußerst wirkungsvoll.

Wenn ich zum Beispiel ins Theater gehen möchte, schreibe ich das in meinen Terminkalender, so als ob ich eine Verabredung mit mir hätte. Und tatsächlich finde ich mich oft noch vor Ablauf der Woche in einem Theater wieder.

Ich halte alle möglichen Ziele auf diese Weise schriftlich fest. Lassen Sie Ihrer Kreativität freien Lauf.

Schlank mit Gedankenkraft: Übung 3

Zu wissen, wie Ihr eigenes Ziel anderen dienen kann, hilft Ihnen, es zu akzeptieren

In welcher Weise wirkt sich Ihr neues Ich für Sie, Ihre Familie oder Ihre Freunde aus? Manchmal haben wir das Gefühl, die Verwirklichung eines Ziels, das anscheinend »nur uns selbst« zugute kommt, wäre die Zeit und die Aufmerksamkeit nicht wert, die wir darauf verwenden. Hier haben Sie die Möglichkeit zu sehen, wie die Schaffung eines neuen Selbstbildes positiven Einfluß auf Ihre Umgebung hat.

Eine Frau in einem meiner Seminare hatte ein schlechtes Gewissen bei dem Gedanken, daß sie sich soviel Zeit nehmen sollte, um sich auf sich selbst zu konzentrieren. Sie war tief religiös und hielt dieses Vorgehen für nicht besonders christlich. Doch schon während sie ihre Einwände vorbrachte, wurde ihr klar, daß sie ihre Aufmerksamkeit bereits vorher zu sehr auf sich gerichtet hatte, und zwar in negativer Weise auf ihr Übergewicht. Indem sie sich positive Aufmerksamkeit schenkte, würde sie die Situation verändern können.

Machen Sie diese Übung, um herauszufinden, wie Ihre Selbstveränderung anderen helfen wird. Beginnen Sie mit der »Wolken«-Entspannungsübung (Seite 83), um Kontakt mit Ihrem wahren Ich aufzunehmen.

Halten Sie dann noch einmal Ihr neues Selbstbild schriftlich fest. Hat es sich verändert? Auch wenn Sie wieder das gleiche aufschreiben, hat das seine Richtigkeit! Die Wiederholung neuer Ideen ist die einzige Methode, das Unterbewußtsein zu beeinflussen. Sie werden hier noch mehr schriftliche Übungen finden, die Ihnen zeigen werden, wieviel Kontrolle Sie tatsächlich über Ihr Aussehen haben.

Schlank mit Gedankenkraft: Übung 4

Ihr Schlüsselbild wird die Tür zur Zukunft öffnen

Für viele Übungen in diesem Kapitel und überhaupt für die meisten Grundübungen ist ein Schlüsselbild von größter Wichtigkeit. Es bindet den Geist an die letztendliche Erfüllung des Ziels. Wenn zu viele unzusammenhängende Bilder angeboten werden, ist das Unterbewußtsein nicht in der Lage, eine bestimmte Richtung einzuschlagen.

Auch die Werbebranche bedient sich dieses Mechanismus. Der gleiche Werbespot wird so oft wiederholt, bis man ihn verinnerlicht hat und glaubt, das Produkt besitzen zu müssen. Wenn Sie dem Unterbewußtsein immer wieder das gleiche Schlüsselbild anbieten, wird es nicht sagen:»Dein Wunsch ist mir Befehl«, sondern:»Dein Bild ist mir Befehl«.

Kinder sind für Neuprogrammierungen des Unterbewußtseins sehr offen. Eine übergewichtige Elfjährige besuchte eines meiner Seminare und beschloß, sich als Skipperpuppe, Barbies

SCHLANK MIT DER KRAFT DER GEDANKEN ...

jüngere Schwester, zu sehen. Sie meditierte tagsüber sehr viel über dieses Bild. Zwei Wochen später hatte sie zwanzig Pfund abgenommen! Sie sagte, es sei ihr zur Gewohnheit geworden, sich ihr Schlüsselbild vorzustellen. Ich fragte sie, ob sie einen Rat für Menschen hätte, die versuchen, mit Gedankenkraft schlank zu werden. »Ja«, meinte sie, »wenn man kein besonders gutes Vorstellungsvermögen besitzt, muß man es entwickeln.«

Was Sie jetzt gleich tun können

Jetzt sind wir soweit, daß wir unser Schlüsselbild aufschreiben können. Es muß eine einzige Szene oder ein Bild sein, auf das Sie sich jederzeit sofort konzentrieren können. Wählen Sie das Bild sorgfältig aus. Was tragen Sie? Wie fühlen Sie sich? Setzen Sie alle Sinne dafür ein. Wenn Sie sich am Strand sehen, riechen Sie das Meer, hören Sie die Wellen und spüren Sie die Sonne auf Ihrem Körper. Schmecken Sie die Salzluft. Versetzen Sie sich in Ihren neuen Körper, an den Strand. Schreiben Sie diese Szene wie eine Film- oder Videoszene über Ihr neues Leben – das Leben, das schon bald beginnt. Beginnen Sie mit »Ich bin«, und machen Sie ausschließlich Ich-Aussagen.

....
....
....
....
....

Nehmen Sie ein Karteikärtchen oder einen Zettel und halten Sie Ihr Schlüsselbild (siehe Seite 87) darauf fest. Ganz oben auf das Kärtchen schreiben Sie in Großbuchstaben: »Entspannen«. Verwenden Sie Ihr »Entspannungs-Schlüsselbild«, das Sie zu Beginn dieses Kapitels entwickelt haben, oder die Zen-Zazen-Methode, um den Geist frei zu machen (auf eine leere Wand schauen). Lesen Sie Ihr Kärtchen tagsüber einige Male. Am besten geeignet ist die Zeit nach dem Aufwachen und kurz vor dem Einschlafen, weil das Unterbewußtsein dann aufnahmebereiter ist. Setzen Sie außerdem bestimmte Zeiten am Tag fest, zu denen Sie Ihr Kärtchen lesen. Das kann während einer Arbeitspause sein, kurz vor oder nach dem Mittagessen oder immer, wenn Ihre Armbanduhr die volle Stunde anzeigt.

Halten Sie sich an tägliche, feste Termine. Tun Sie alles, was nötig ist, um Ihr Schlüsselbild regelmäßig zu überprüfen. Wenn Sie es nur vor dem Schlafengehen und/oder nach dem Aufwachen schaffen, die Übung zu machen, ist das auch gut. Solange Sie sich an feste Zeiten halten und beharrlich sind, werden Sie Erfolg haben.

Lesen Sie Ihr Kärtchen immer in guter Stimmung und entspannt, und setzen Sie alle Sinne ein, damit Sie sich in Ihrer Schlüsselbildszene so realistisch wie möglich sehen. Riechen, schmecken, spüren, hören und sehen Sie, was um Sie herum ist. Geben Sie es dann an die höhere Macht ab, an die Sie glauben.

Hier liegt das wahre Geheimnis des Erfolgs. Wenn Sie keine andere Übung in diesem Buch machen, diese eine aber gewissenhaft durchführen, werden die Ergebnisse nicht ausbleiben.

Schlank mit Gedankenkraft: Übung 5

Diese Grundübung ist eine Erweiterung der Schlüsselbild-Übung

Diese Übung führt Sie auf die nächste Stufe des Schlankwerdens mit Gedankenkraft, nämlich zum vollständigen Erleben Ihres erfüllten Wunschtraums. Nehmen Sie sich zweimal täglich, beim Aufwachen und vor dem Einschlafen, dreißig Sekunden Zeit. Betrachten Sie diese Zeit als die goldene halbe Minute Ihres Tages, als etwas, worauf Sie sich freuen.

Zu dieser Zeit ist Ihr Verstand dann stärker zum Üben motiviert. Außerdem hat er es lieber, wenn Sie zu bestimmten Zeiten üben. Er arbeitet gern in Mustern oder Rillen, wie eine Schallplatte. Deswegen sollten Sie sich einen festen Stundenplan machen. Wenn Sie die Zeiten einmal festgesetzt haben, wird Ihr Verstand Sie zur entsprechenden Tätigkeit geradezu drängen, selbst wenn Sie einmal versuchen sollten, sie auszulassen. Deshalb kann man auch abends nicht ins Bett gehen, ohne sich die Zähne geputzt zu haben!

Der erste Teil dieser Dreißig-Sekunden-Übung besteht darin, daß Sie Ihrem Körper sagen, daß Sie ihn so lieben, wie er ist. Danken Sie ihm dafür, daß er Ihnen Tag für Tag zu Diensten ist. Sagen Sie ihm, daß Sie jetzt einige Veränderungen vornehmen werden, durch die Sie beide noch nützlicher werden können.

Im zweiten Teil der Übung kehren Sie in Ihre friedliche Umgebung zurück und denken daran, wie Ihr neuer Körper etwas für andere tun wird.

Der dritte Teil besteht darin, sich vorzustellen, daß Sie von einer Ecke der Zimmerdecke auf Ihren neuen Körper herunterschauen. Sehen Sie ihn genau so, wie Sie ihn gerne haben möchten. Verwenden Sie Ihr Schlüsselbild, oder sehen Sie sich einfach im Bett liegen, schlank, kräftig und gesund oder so, wie Sie sein möchten. Denken Sie daran, die Empfindung hinter diesem Bild mit einzubeziehen: Dieses wunderbar belebende Gefühl, sich in vollkommener Harmonie mit seinem physischen Ich zu befinden.

Wenn Sie die Übung morgens machen, beginnen Sie den Tag mit dem Gefühl dieses neuen Körpers. Führen Sie die Übung abends aus, dann schlafen Sie mit diesem Bild ein, so daß Ihr Unterbewußtsein die Nacht über damit beschäftigt ist.

Diese spezielle Übung arbeitet mit dem Prinzip, daß man annimmt, das Ziel sei bereits erreicht. Alle erfolgreichen Menschen wenden es in der einen oder anderen Form an. Jean-Claude Killy zum Beispiel, der Olympiasieger im Skirennfahren visualisierte immer wieder einen perfekten Siegeslauf.

Auch der erste Teil der Übung ist wichtig. Sarah stellte das fest, als sie sich jeden Tag sagte: »Ich liebe dich bedingungslos.« Dabei sah sie sich im Spiegel tief in die Augen und bemühte sich, Ihre Aussage auch so zu meinen. Anschließend sagte sie sich den Satz: »Du bist schlank und schön.«

»Das war die Lösung«, erklärte Sarah, «denn jetzt nehme ich ohne Pillen oder besondere Diätkuren ab. Essen, das nicht gut für mich ist, schmeckt mir nicht mehr. Ich habe keinen Appetit darauf.«

Sie fuhr fort:»Wenn man sich schön fühlt, möchte man auch

schön aussehen. Früher fand ich körperliche Bewegung lästig, aber jetzt möchte ich Sport treiben. Dabei sage ich mir immer: ›Ich bin schön!‹«

Schlank mit Gedankenkraft: Übung 6

Die Verwendung eines Schlüsselsatzes zur Stärkung der Vorstellungskraft

Ein Schlüsselsatz ist etwas, das Sie sich ständig vorsagen, um zukunftweisende Bilder zu schaffen, mit denen das Unterbewußtsein arbeiten kann. Der Satz kann auch angewendet werden, um störende Gedanken oder Bilder zu vertreiben, die im Lauf des Tages auftauchen. Nehmen wir einmal an, Sie hören, wie jemand über Diäten oder Gewicht spricht, und Sie beginnen, über Ihre eigene Situation nachzudenken. Holen Sie sofort tief Luft, entspannen Sie sich, und fangen Sie an, Ihren Schlüsselsatz zu wiederholen.

Manchmal ist ein einziges Wort besser als ein ganzer Satz. Dieses Wort kann *schlank*, *dünn* oder *leicht* heißen. Wenn Sie sich zum Ziel gesetzt haben, kräftiger zu werden, können Sie Wörter wie *kräftig*, *Muskel* oder *stark* verwenden.

Hier sind einige Beispiele für Schlüsselsätze:

A. »Ich fühle mich heute schlanker.«
B. »Ich sehe heute schlanker aus und fühle mich leichter.«
C. »Mir paßt schon bald die nächstkleinere Größe.«

Was Sie jetzt gleich tun können

Schreiben Sie jetzt Ihren eigenen Schlüsselsatz hier oder in Ihrem Tagebuch auf:

. . . .

. . . .

D. »Ich fühle mich innerlich so schlank, daß ich auch äußerlich bald so aussehen werde.«

Schlüsselsätze sind sehr wirksam. Die meisten von uns haben früher einmal zugenommen, weil Sie unbewußt Schlüsselsätze wie: »Ich fühle mich so dick« anwandten. Haben Sie schon bemerkt, daß man bei solchen Sätzen geradezu sieht, wie man zunimmt? Ich arbeitete mit dem Schlüsselsatz: »Ich fühle mich heute ein bißchen schlanker.« Ich tat dies jeden Morgen, bevor ich in den Spiegel schaute. Das gab mir die Hoffnung, auch schlanker auszusehen, wenn ich in den Spiegel sah. Es gab Zeiten, da war das leider nicht der Fall, trotzdem machte ich damit weiter, mein Bild täglich mit meinem Schlüsselsatz zu bekräftigen, so lange, bis es funktionierte.

Jean erzählte mir, daß sie einen Schlüsselsatz verwendete, der ihr helfen sollte, eine größere Veränderung in ihrem Beruf herbeizuführen. Sie war die erste Ingenieurin in einem größeren Energieunternehmen und wurde von allen sehr geschätzt, vor allem von den Frauen, die sie betreute. Als sie sich entschloß, ihre Stelle aufzugeben und eine eigene Massagepraxis zu eröffnen, fand sie eine Methode, von ihren Freundinnen und Mitarbeiterinnen die dringend benötigte Unterstützung zu erhalten. Ihr Mittel war ein Schlüsselsatz.

Jedesmal, wenn Jean erzählte, daß sie kündigen wollte, nahm sie die Hand ihrer Gesprächspartnerin und bat: »Sagen Sie mir, daß Sie mich bei meinem nächsten Schritt unterstützen werden, ich will nämlich kündigen.« Jean berichtete: »Ich versicherte, daß Gott mir bei meinem Vorhaben helfen würde, denn es war ein Risiko, besonders in finanzieller Hinsicht.

Und tatsächlich, ich hatte Glück im Lotto und gewann eine bescheidene Summe, was mir bewies, daß ich auf dem richtigen Weg war.

Früher reagierte ich auf Dinge, die mir nicht paßten, mit dem Satz: ›Jetzt gehe ich ins Bett.‹ Inzwischen lasse ich mich von meinen Lebensumständen nicht mehr so beherrschen. Ich kann jetzt nicht mehr gegen mein wahres Ich handeln.«

Meditation hilft Jean, ihr Gewichtsproblem zu bewältigen.

Ich habe sie gefragt, was sie rät, wenn man die Selbstgespräche verändern will. Sie meinte:»Man muß Selbstgespräche langsam verändern, damit sie Schritt für Schritt besser werden. Seien Sie also nachsichtig mit sich, wenn Sie erst am Anfang stehen. Arbeiten Sie daran, Negatives auszulöschen. Zuvor aber müssen Sie es sich anhören, um zu erkennen, was Sie da tun.«

Schlank mit Gedankenkraft: Übung 7

Setzen Sie sich mit Ihrer Angst vor dem Essen auseinander

Sie bestimmen das Essen, nicht umgekehrt. Angst ist einer der stärksten Beweggründe für das Essen. Manche Psychologen, die mit übergewichtigen Menschen arbeiten, schlagen vor, genau die Lebensmittel zu kaufen, von denen man häufig zuviel ißt, weil sie so gut schmecken. Überfluß ruft Überdruß hervor. Es ist erstaunlich, wie schnell die Angst vor dem Essen ihren Reiz verlieren kann.

Ich glaube nicht, daß es nötig ist, so weit zu gehen. Schlank mit Gedankenkraft erlaubt Ihnen, alles zu essen, was Sie möchten. Sagen Sie sich, daß Sie schlank sind und daß Ihr Körper genau das braucht, was Sie gerade essen. Sie werden feststellen, daß Ihre Eßgewohnheiten sich verändern, während Ihr Unterbewußtsein diese Botschaft aufnimmt!

Wenn Sie etwas essen, worauf Sie ganz versessen sind, sollten Sie es auch genießen. Ich weiß nicht, wie oft ich mir die Freude an meinem Lieblingsgericht durch mein schlechtes Gewissen verdorben habe!

Wenn Weihnachten naht, befürchten viele Menschen, Gewicht zuzulegen. Natürlich kann man von ein oder zwei Mahlzeiten gar nicht soviel zunehmen. Aber Angst und schlechtes Gewissen sind die heimliche Triebkraft, die uns dazu bringt, während der Feiertage übermäßig zu essen.

Inzwischen sage ich mir einfach, daß ich abnehme, weil der Körper soviel Arbeit damit hat, ein großes Festmahl zu verdauen. So habe ich kein schlechtes Gewissen und mache mir keine Vorwürfe, was wiederum nur weiteres Überfressen aus Selbsthaß auslösen würde. Heute ist es mir gar nicht mehr möglich, mich vollzustopfen, ganz gleich, welchen Anlaß es dafür gibt oder wie gut das Essen aussieht. Es befriedigt mich einfach nicht mehr, mir selbst weh zu tun, indem ich zuviel esse. Im Lauf der Jahre wird diese Reaktion auch bei Ihnen eintreten, wenn Sie sich weiterhin schlank denken. Jetzt aber sollten Sie erst einmal genießen, worauf immer Sie Appetit haben.

Schlank mit Gedankenkraft: Übung 8

Selbst Ihr Drehbuch zu schreiben, gibt Ihnen Kontrolle

Viele Menschen fangen gerade erst an zu entdecken, welche Kraft im Schreiben steckt. Die folgende Übung ist nicht nur ein sehr wirkungsvolles Mittel, selbst über sein eigenes Leben zu bestimmen, sondern sie macht auch viel Spaß.

Tun Sie so, als wären Sie Ihr größter Bewunderer, jemand, der mit Ihnen zusammenlebt, der Sie liebt und verehrt. In Wirklichkeit ist das Ihr höheres, inneres Ich, das spricht.

Entwerfen Sie in Ihrem Tagebuch eine Szene, wie dieser Verehrer zu Ihrem neuen Ich, zu dem Menschen, der Sie sein werden, sagt, wie schön er aussieht, wie gesund und schlank (oder was auch immer) er ist.

Ihr Bewunderer spricht immer weiter über Ihre positiven Eigenschaften und wie gut Ihre neue Erscheinung zu Ihnen paßt. Beschreiben Sie im einzelnen, was Sie tragen, wie gut es sitzt und wie es Ihrer neuen Figur schmeichelt. Machen Sie Bemerkungen über Bereiche Ihres Körpers, die sich vorteilhaft verändert haben.

Jetzt sind Sie soweit, daß Sie ein Drehbuch verfassen können. Sie beschreiben eine Szene aus dem Film Ihres Alltagslebens. Der Film spielt in der Zukunft. Ich habe die Grundszene für Sie entworfen. Schreiben Sie die Szene um, und verwenden Sie dabei die Worte »Ich bin« statt »Sie sind«. Fügen Sie nach Belieben persönliche Einzelheiten hinzu, um die Situation besser zu beschreiben: Kleidung, anwesende Menschen, Kommentare und wie Sie sich fühlen. Kann's losgehen?

Sie tragen ein Kleid oder einen Anzug in der Konfektionsgröße, die Sie sich wünschen. Ihre Kleidung sitzt tadellos und paßt optimal zu Ihrem Typ. Sie gehen durch eine Menschenmenge, die aus guten Freunden, Verwandten und Berufskollegen besteht und die sich zu einem freundschaftlichen Treffen zusammengefunden hat. Allmählich erkennen die anderen Sie, bleiben stehen und machen Bemerkungen wie:»Mensch, ich habe dich kaum erkannt! Du bist so schlank geworden!«»Glückwunsch zu deiner neuen Figur!«»Du siehst toll aus in deinen neuen Klamotten.«»Was hast du bloß gemacht, daß du so schlank geworden bist?«

Während Sie sich durch die Menge bewegen, folgen Ihnen bewundernde Blicke, und allen fällt Ihre gesunde, strahlende Gestalt auf. Sie fühlen sich wunderbar. Sie haben Ihr Ziel erreicht und befinden sich in Einklang mit sich selbst. Jemand beginnt, über Diäten und Kalorien zu sprechen und darüber, wieviel er oder sie abnehmen muß. Sie hören einfach ohne emotionale Beteiligung zu oder richten Ihre Aufmerksamkeit auf etwas anderes. Sie haben nicht das geringste Interesse an dieser Unterhaltung, denn sie hat nichts mit Ihnen zu tun. Sie sind genau so, wie Sie sein möchten, und Sie haben Ihr Ziel ohne Abmagerungskuren erreicht. Die Party geht weiter, und Sie werden noch immer mit Komplimenten überschüttet. Mit liebenswürdigem Dank nehmen Sie sie entgegen.

Setzen Sie alle Ihre Sinne ein, während Sie diese Szene für sich umschreiben. Riechen Sie Parfüm und Rasierwasser, schmecken Sie Speisen und Getränke, spüren Sie die warme Berührung Ihrer Freunde, hören Sie das Lachen und die Aufrichtigkeit in ihren Stimmen, wenn sie Ihnen zu Ihrem Aussehen gratulieren. Visualisieren Sie die Farben der Kleider, des Make-ups und der Möbel. Beschreiben Sie das alles aus der Perspektive der ersten Person, des Ich.

Hier ein kurzes Szenenbeispiel:

Ich gehe am Strand entlang und fühle mich schlank und schön/gutaussehend. Ich spüre, wie die Leute mich betrachten, wenn ihnen auffällt, wie schlank und hübsch/stark ich bin. Ich spüre, wie der warme Sand unter meinen Füßen nachgibt, denn ich laufe barfuß. Die salzige Seeluft füllt meine Lungen. Ich atme tief und genieße das Gefühl von Gesundheit und Energie. Die Wellen brechen sich am Strand, ihr Rauschen hüllt mich ein. Ich höre Kinder beim Spiel am Wasser vor Freude jauchzen. Ich bin so glücklich, daß ich in diesem Moment lebe, und so dankbar für meinen neuen Körper. Ich fühle mich zuversichtlicher, gesünder, vitaler, entspannter und heiterer. Ich bin in Harmonie mit mir und meinem Körper.

Führen Sie diese Übung täglich vor dem Einschlafen oder nach dem Aufwachen aus, entweder anstelle von Übung 5 oder zusätzlich. Denken Sie daran, je regelmäßiger Sie Ihre Übungen machen, desto schneller erzielen Sie Ergebnisse.

Schlank mit Gedankenkraft: Übung 9

Die Szene auf Kassette aufzunehmen, ist sehr wirksam

Nehmen Sie die obige Szene auf Kassette auf. Beginnen Sie mit leiser, entspannender Musik und Ihrem Entspannungs-Schlüsselbild. Geben Sie sich die Anweisung, sich zu entspannen und zuzuhören.

Der Klang der eigenen Stimme hat einen starken Einfluß auf das Unterbewußtsein, erinnern Sie sich an die vielen Selbstgespräche? Sie können natürlich auch eine andere Szene wählen. Konzentrieren Sie sich dabei einfach auf ein bestimmtes Thema, so wie ich mich zum Beispiel auf die Party konzentriert habe.

Ersetzen Sie bei der Aufnahme »Ich« durch »Du«, und eliminieren Sie alle negativen Aussagen, wie zum Beispiel »ich bin nicht...« oder »du bist nicht...«. Sorgen Sie dafür, daß alle Sätze positive, aussagekräftige und genaue Bilder für Ihr Unterbewußtsein schaffen.

Hören Sie sich Ihre Kassette vor dem Einschlafen, beim Autofahren oder immer dann an, wenn Sie sich entspannt fühlen. Das Unterbewußtsein ist am empfänglichsten, während Sie einschlafen. Wenn Sie wach sind, sollten Sie Ihre Phantasie nutzen, um die Szene so intensiv wie möglich zu riechen, zu sehen, zu fühlen und zu hören. Schließen Sie die Augen (aber bitte nicht beim Autofahren!), und versetzen Sie sich in Ihre Szene. Diese Übung hat mir geholfen, meine Träume zu verwirklichen. Ich bespreche die Kassette selbst, denn ich weiß genau, was und wie ich es sagen möchte. Es gibt auch Kassetten zu kaufen, die durch unterschwellige Beeinflussung das Abnehmen erleichtern, aber sie sind aus der Perspektive anderer Personen besprochen.

Schlank mit Gedankenkraft: Übung 10

Finden Sie ein Foto, auf dem Sie schlank sind, oder ein Bild von einem anderen schlanken Menschen

Marion erzählte mir:»Ich habe ein Bild von einem sehr hübschen Mädchen mit guter Figur aufgestöbert und ihren Kopf mit meinem eigenen Fotokopf überklebt. Es steht auf dem Schreibtisch in meinem Büro, wo ich es den ganzen Tag sehen kann. Inzwischen visualisiere ich dieses Bild so deutlich, daß es immer vor mir auftaucht, wenn ich mich beim Essen gehen lassen will. Ich träume es, ich bin es. Das hält mich bei der Stange.«

Ich selbst habe etwas Ähnliches gemacht, indem ich ein altes Foto aus der Schulzeit hervorkramte. Erst zögerte ich, denn auf dem Foto war ich noch sehr jung.»Na gut«, dachte ich,»also werde ich einfach auch mit Gedankenkraft jünger!« (Das funktioniert tatsächlich, zumindest fühle ich mich jünger!) Ich habe das Foto auf den Kühlschrank gestellt, nicht, um mich vom Essen abzuhalten, sondern um mich daran zu erinnern, daß ich damals schlank war, ganz egal, was ich gegessen habe. Natürlich beeinflußte diese Veränderung meiner unterbewußten Bildersprache meinen Stoffwechsel und führte zu feinen Verschiebungen in meinen Eß- und Bewegungsgewohnheiten.

Diese Übung kostet Sie keine Zeit. Wenn Sie ein Foto von sich oder von jemand anders gefunden haben, dessen Körper Sie wirklich bewundern (und ein Foto von Ihrem Kopf daraufgeklebt haben), geben Sie dem Bild einen Platz, wo Sie es oft sehen können: in Ihrer Brieftasche, an Ihrem Spiegel oder im Auto.

Schlank mit Gedankenkraft: Übung 11

Das höhere Selbst weist Ihnen die richtige Richtung

Heutzutage empfehlen viele Selbsthilfebücher, auf den Körper zu hören. Das ist gut und schön, wenn man daran gewöhnt ist. Aber die meisten Menschen mit Gewichtsproblemen bekommen sehr verwirrende Botschaften von ihrem Körper. Solange wir das Durcheinander, das Medien, Freunde und Kollegen sowie unsere eigenen Gedanken und Ängste anrichten, nicht geordnet haben, müssen wir uns an die leise, innere Stimme halten. Sie wird uns sagen, was für uns am besten ist.

Donald war auf dem Heimweg von der Arbeit und bekam Heißhunger auf chinesisches Essen. Er versuchte gerade abzunehmen. Das Gericht, das er im Sinn hatte, war fettreich und nicht gesund. Sollte er auf seinen Körper hören? Er wußte, wie man sich auf sein höheres Selbst einstimmt, und tat dies. Dieses höhere Selbst riet ihm, nach Hause zu fahren, seine Übungen zu machen, sich mit einer Dusche zu erfrischen und anschließend eine leichte, nahrhafte Mahlzeit aus Naturreis und Gemüse zu sich zu nehmen. Er beschloß, diesen inneren Rat zu befolgen. Später berichtete Donald, die Gymnastikübungen und das Essen zu Hause seien sehr befriedigend gewesen. Es hatte sich gelohnt, auf seine innere, vernünftige Stimme zu hören, statt sich nach dem alten Muster gehenzulassen.

Hier eine einfache Übung, mit der Sie in Kontakt zu Ihrem höheren Selbst treten können, damit es Sie leitet. Führen Sie diese Übung aus, bis Ihr Körper sich automatisch darauf einstimmt. Sie werden merken, wann dieser Zeitpunkt gekommen ist.

Visualisieren Sie einen hellen, leuchtenden Stern in Ihrem Körper. Er wächst, bis seine Strahlen aus Ihrem Körper heraus Ihre ganze Umgebung erfassen. Sie spüren die Wärme seines silberblauen Lichts im ganzen Körper. Sie *sind* dieser Stern. Welche Bilder zeigt dieses Lichtwesen Ihnen?

Wenn Sie diese Übung vor allen anderen Übungen ausführen, erleichtert das den Übergang zu Ihrem neuen Ich. Es wird Ihren Fortschritt beschleunigen.

Sie können die Übung auch immer dann einsetzen, wenn Sie

sich für eine Speise entscheiden wollen. Besonders hilfreich kann sie für Menschen sein, die unter Eßstörungen oder Angst vor dem Essen leiden.

Schlank mit Gedankenkraft: Übung 12

Träume können durch die Macht ihrer Bilderwelt Ihr Leben verändern

Sherry beschloß, folgende Traumtechnik anzuwenden, um ihre Gedanken bezüglich ihres Körperbildes umzupolen. Sie begann, um »schlanke Träume« zu bitten. Als erstes träumte sie von sich selbst als Dreijähriger. In ihrem Traum sah sie eine vertraute Szene. Sie saß, wie in ihrer Kindheit, in einer Schaukel, die an einem Türstock hing.

Als Sherry erwachte, dachte sie: *Was für eine schöne Erinnerung, aber was hat sie mit dem Schlanksein zu tun?* Dann wurde ihr klar, wie leicht sie sich im Traum gefühlt hatte. Zweck des Traums war es, dieses Gefühl der Leichtigkeit wachzurufen, damit Sherry es in ihr Schlüsselbild einfügen konnte.

In Sherrys zweitem Traum ging es um einen schnittigen weißen Sportwagen. Er fuhr immer schneller und wurde dabei schmaler und schmaler. Dieser Traum sagte Sherry, daß sie schlanker werden und außerdem mehr Energie haben würde!

Träume leisten unschätzbare Dienste, indem sie Ihnen 1. ein positives Gefühl für das geben, was Sie tun, 2. sanft Hindernisse für den Erfolg beseitigen, Ihnen 3. Ihr zukünftiges Bild zeigen und 4. offenbaren, welche Handlungen, Nahrungsmittel oder Vorstellungen für Sie am besten sind. Träume können außerdem sehr heilsam sein. Die nächste Übung ist eine einfache Methode, die Zeit, die wir für den Schlaf brauchen, effektiv zu nutzen. Das Unterbewußtsein beendet gern Projekte, die das Bewußtsein begonnen hat, vor allem, während Sie schlafen.

Traumübung 1

Bevor Sie einschlafen, schreiben Sie alle Fragen, die Sie vielleicht zum Abnehmen haben, in ein Heft oder in Ihr Traumtagebuch (Beispiel für ein Traumtagebuch siehe Kapitel 11).

Wenn Sie aufwachen – auch, wenn Sie nachts aufwachen – schreiben Sie alle Träume auf, an die Sie sich erinnern können, egal, wie albern sie Ihnen erscheinen. Jeder Traum hat eine Bedeutung. Am Anfang mag es Ihnen chaotisch vorkommen, aber probieren Sie es trotzdem.

Vermerken Sie alles, was Ihnen einfällt. Wenn Sie den ganzen Traum zu Papier gebracht haben, sagen Sie sich, daß Sie wissen, was er bedeutet. Machen Sie dann ein Brainstorming auf dem Papier. Viel Spaß dabei! Was bedeutet ein Regenschirm für Sie? Schutz? Vielleicht soll der Regenschirm, den Ihre Schwester Ihnen über den Kopf hielt, bedeuten, daß sie eine Verbündete ist, die Ihnen hilft, negative Selbstbilder abzuwehren. Rufen Sie sie das nächstemal an, wenn Sie sich selbst kritisieren.

Eine weitere einfache Methode, die Traumbotschaft herauszufinden, besteht darin, unter den protokollierten Traum zu schreiben:»Dieser Traum bedeutet...« und die Antwort dann aus sich herausfließen zu lassen.

Traumübung 2

In dieser Übung werden Sie Ihr neues Ich erleben. Bitten Sie einfach um einen Traum von Ihrem neuen, schlanken, gesunden, energiegeladenen Ich. Schreiben Sie Ihre Bitte in das Traumtagebuch (siehe Kapitel 11) oder in ein Heft. Beschreiben Sie, wie der Traum aussehen sollte. Schlafen Sie dann mit der noch frischen Vorstellung davon ein. Das Unterbewußtsein wird Ihren Wunsch erfüllen.

Schreiben Sie nach dem Aufwachen alles auf, was Sie von Ihren Träumen behalten haben, selbst wenn es nur ein einziges Wort ist. Finden Sie die Bedeutung mit der gleichen Methode heraus wie in Traumübung 1.

Es gibt viele gute Bücher über Träume und Traumdeutung. Denken Sie aber vor allem daran, daß nur Sie selbst die Bedeutung Ihrer Träume entschlüsseln können. Jeder Mensch hat seine eigenen, einzigartigen Traumsymbole, denn aufgrund unserer verschiedenen individuellen Erfahrungen haben wir alle unterschiedliche Vorstellungen davon, was ein Wort oder ein Symbol bedeutet.

Schlank mit Gedankenkraft: Übung 13

Wie ein Kind zu werden, öffnet den Geist für Veränderungen

Kinder können über Erfahrungen in freudige Erregung geraten, die Erwachsenen vielleicht banal erscheinen. Erwachsene glauben nämlich, sie hätten bestimmte Erfahrungen schon so oft gemacht, obwohl jeder Augenblick einzigartig ist.

Kinder besitzen die wunderbare Gabe der Imagination. Das ist eine Fähigkeit, die wir von ihnen lernen können.

Wenn Kinder Pilot spielen, fliegen sie ihr Flugzeug tatsächlich, samt Geräuschen, visuellen Eindrücken und Gleichgewichtsempfindungen. Der kleine Pilot befindet sich hoch über dem Boden, steigt durch die Wolken und sieht auf die winzige Welt herab.

Diese Vorstellungsgabe brauchen auch wir, wenn wir uns erfolgreich schlankdenken wollen.

Übung für die Phantasie

Erinnern Sie sich an ein glückliches Ereignis in Ihrer Kindheit. Vielleicht ist es der letzte Schultag vor den Sommerferien. Die Lehrerin sagt:»Ich wünsche euch einen wunderschönen Sommer. Im Herbst sehen wir uns wieder!« Sie rennen aus dem Klassenzimmer, begeistert über die langersehnte Freiheit. Oder vielleicht trödeln Sie noch etwas herum, hängen Erinnerungen an das Schuljahr nach und verabschieden sich von einem Lieblingslehrer oder einer Freundin.

Halten Sie dieses Gefühl fest, während Sie sich jetzt vorstellen, Sie wären ein Kind, das einfach in einem Erwachsenenkörper steckt! Wir gehen jetzt auf eine kindliche Phantasiereise.

Stellen Sie sich zuerst vor, Sie seien ein riesiger Stein. Verset-

Was Sie jetzt gleich tun können

Für Sie ist diese schöne Erinnerung vielleicht ein Baumhaus, in das Sie sich ungestört zurückziehen konnten, das Fußballspielen mit einer Konservenbüchse oder das Gefühl, in einen Blätterhaufen hineinzuspringen. Schließen Sie die Augen, gehen Sie in diese glückliche Kindheitserinnerung hinein, und genießen Sie das Gefühl der Liebe und Freiheit. Beschreiben Sie es hier oder in Ihrem Tagebuch:

....

....

....

....

zen Sie sich in einen großen, unverrückbaren Felsblock hinein. Wie fühlt sich das an?

Nun werden Sie von einem Zauberstab berührt und verwandeln sich in einen Falken. Sie fliegen frei über der Erde, die Sonne wärmt Ihren Rücken, und der Wind zaust Ihre Federn. Wie fühlt es sich an, so frei zu sein?

Plötzlich werden Sie zu einer Feder in der Schwinge des Falken, die sich aus dem Flügel löst und sanft zur Erde hinabschwebt, ganz leicht und zart. Wie ist es, so getragen zu werden und schwerelos zu sein?

Wann immer Sie eine Schwere fühlen, gehen Sie auf eine Phantasiereise, und erinnern Sie sich zuerst an die glückliche Kindheitsszene, das öffnet Ihr Herz und Ihr Unterbewußtsein für neue Bilder.

Übung für Kinder

Hier eine Übung für Kinder, die Übergewicht haben, aber noch zu klein sind, um die *Schlank mit der Kraft der Gedanken*-Übungen allein durchzuführen.

Wenn Sie Ihr Kind abends ins Bett bringen, sagen Sie ihm,

daß es schön, schlank und stark ist und am nächsten Morgen
sogar noch schöner, schlanker und stärker sein wird!
Wenn es aufwacht, sagen Sie zu ihm:»Du siehst so schlank
und stark aus. Fühlst du dich auch schlank und stark?« Das
Kind wird diese Frage wahrscheinlich bejahen. Wenn es das
nicht tut, sagen Sie:»Kannst du dir denn *vorstellen*, daß du das
bist?« Wahrscheinlich wird es nun ja sagen. Wenn nicht, fragen
Sie nach dem Grund. Sprechen Sie darüber, und lassen Sie sich
von Fachleuten helfen, wenn es sich um ein tieferliegendes Problem handelt.

Die folgenden Gedanken helfen Ihnen, Ihr Ziel noch schneller zu erreichen

Akzeptieren Sie, daß Sie für den Rest Ihres Lebens die Verantwortung für Ihr Gewicht übernehmen müssen. Sie brauchen
nicht Ihr Leben lang Diät zu halten – und sollten das auch gar
nicht –, aber Sie müssen bewußt ein Körperbild wählen, um
schlank zu werden und zu bleiben.

Weil die meisten von uns so viele Jahre lang mit falschen Bildern gelebt haben, müssen wir hart an uns arbeiten, wenn wir
mit Gedankenkraft alte Bilder ausrotten wollen. Dabei gibt es
einen Trick. Es ist, als würde man ein Loch mit Erde füllen: Man
muß immer ein bißchen mehr obendrauf packen, weil sie sich
noch setzt.

Was Sie tun können

1. Immer wenn Sie unbefriedigende Gedanken oder Bilder von
    sich selbst haben, ersetzen Sie sie durch positive neue Bilder
    oder Gedanken.
    Betrachten Sie Ihr Unterbewußtsein als Garten. Um Unkraut
    durch Blumen zu ersetzen, müssen Sie die alten, negativen
    Gedanken ausreißen und täglich viele positive Bilder ein-
    pflanzen. Je mehr neue Bilder Sie pflanzen, desto besser und
    schneller wird Ihr Garten gedeihen und Ihr neues Ich Realität
    werden.

2. Denken Sie sich das Idealbild eines Arztes aus, der Ihr Abnehmen durch Gedankenkraft überwacht. Er hat eine »Diät
   für den Geist« speziell auf Sie zugeschnitten, ebenso ein op-
   timales Ernährungs- und Fitneßprogramm. Bitten Sie ihn, Ihr
   Verbündeter zu sein, wenn Sie Motivation oder Rat brauchen.
   Für mich war diese Technik sehr hilfreich, denn ich betrachte Ärzte als positive Autoritätsfiguren. Ich fragte meinen inneren Arzt, was ich essen, welche sportlichen Übungen ich
   machen und warum ich hartnäckig bleiben sollte. Er half mir
   jedesmal weiter!
3. Machen Sie es sich einfach. Fangen Sie in der ersten Woche
   mit einer Übung an. Führen Sie diese Übung jeden Tag aus so
   gut Sie können. Nehmen Sie eine Übung pro Woche hinzu,
   bis Sie das Gefühl haben, daß Sie soviel tun, wie Sie können.
   Bleiben Sie dann bei Ihrem Programm. Wenn eine Übung Sie
   langweilt, suchen Sie sich eine andere. Bleiben Sie kreativ,
   und achten Sie auf Informationen aus allen Lebensbereichen.
   Ihr Unterbewußtsein wird Sie auf alle möglichen Arten un-
   auffälliger Hilfe aufmerksam machen.
   Diese Hilfe kann sich in Gestalt eines Zeitschriftenartikels,
   der Geschichte einer Freundin, eines neuen Produkts im Le-
   bensmittelgeschäft oder sogar der flüchtigen Bemerkung eines Fremden zeigen und wird Sie weiterhin motivieren und
   auf Ihrem Weg zum Ziel bestärken.
   Je mehr Übungen Sie pro Tag ausführen können, desto
   schneller und effektiver werden Sie Fortschritte erzielen.
   Wenn Sie sehr beschäftigt sind, nehmen Sie sich eine einfache
   Übung vor, und führen Sie sie sorgfältig aus. Wenn nötig, tun
   Sie das unter der Dusche oder während Sie sich die Zähne
   putzen!
4. Setzen Sie möglichst alle Ihre Sinne ein, wenn Sie die Übungen machen. Sie müssen dafür nicht gut visualisieren können. Manche Menschen sind stärker auditiv oder kinästhe-
   tisch veranlagt (orientieren sich stärker nach dem Gehör oder
   dem Tastsinn).
5. Ihre Vorstellungskraft wird durch Gefühle angeregt. Bilder,
   die von starken Emotionen begleitet werden, verwirklichen

sich schneller. Spüren Sie die freudige Erregung, daß Sie Ihr Ziel erreicht haben, die überschäumende Freude über Ihren neuen Körper. Es hilft, wenn man in der Lage ist, sich wie ein Kind »etwas einzubilden« oder »so zu tun, als ob«. Sollen denn nur die Kinder ihr Vergnügen haben?

Seien Sie kreativ, erfinden Sie eigene Übungen

Verwenden Sie das Traumtagebuch in Kapitel 11 oder Ihr eigenes Tagebuch, um Übungen zu erfinden. Oder passen Sie diese dreizehn Schlüsselübungen Ihrer Persönlichkeit, Ihren geistigen Überzeugungen und Ihrer Lebensweise an. Das, wobei Sie sich am wohlsten fühlen, funktioniert am besten und sollte Vorrang haben.

Es kann gar nicht genug betont werden, wie wichtig Regelmäßigkeit bei Übungen für das Unterbewußtsein ist, auch wenn Sie nur eine einzige Übung machen. Sie werden mit dieser Methode nur Erfolg haben, wenn Sie sie auch anwenden.

Meiner Erfahrung nach fällt es vielen Menschen leichter, die Übungen regelmäßig auszuführen, wenn sie sich in einer Gruppe von Gleichgesinnten befinden. Lesen Sie Kapitel 8, wenn Sie Ideen suchen, wie Sie eine Selbsthilfegruppe zum Abnehmen mit Gedankenkraft gründen können.

Vor allem aber gehen Sie geduldig, liebevoll und freundlich mit sich um. Die Übungen sollen Spaß machen! Fühlen Sie sich wohl in Ihrer Haut, ganz egal, was Sie essen oder tun. Sie haben tatsächlich die Kraft, sich zu verändern, indem Sie sich für neue Bilder und Überzeugungen entscheiden.

Wenn Sie die hier beschriebenen Schritte gewissenhaft nachvollziehen, werden Sie Ihr Ziel erreichen. Lassen Sie sich Zeit. Es hat Jahre der Konditionierung gebraucht, um so zu werden, wie wir jetzt sind; da ist schon ein bißchen Geduld nötig, um dies zu ändern. Bleiben Sie beharrlich, wenn Sie sich schlankdenken, denn irgendwann klappt es, und am schnellsten funktioniert es, wenn Sie ständig Ihre Aufmerksamkeit darauf richten. Viel Glück!

Kapitel 6

Was passiert beim Abnehmen mit Gedankenkraft?

»Die Welt ist rund, und der Ort, der wie das Ende erscheinen mag, kann ebensogut der Anfang sein.«

IVY BAKER PRIEST

Während ich lernte, durch die Beherrschung der Gedanken meinen Körper umzuformen, entstand in mir das Bedürfnis, weniger oder leichter zu essen. Doch ich machte keine Diät. Ich aß, worauf ich Appetit hatte, und hörte, so gut ich konnte, auf mein inneres Selbst. Ich hatte Lust, in einen Fitneßklub einzutreten, also tat ich das. Das alles geschah wie von selbst, weil ich mein Unterbewußtsein darauf programmiert hatte, mein imaginiertes Selbstbild Wirklichkeit werden zu lassen.

Es geschah nicht von heute auf morgen, allerdings geht es bei manchen Menschen sehr schnell. Zu Anfang nahm ich sogar ein wenig zu, aber ich bemerkte das erst, als ich Monate später Fotos von mir betrachtete. Ich hielt mir weiter vor Augen, wie ich aussehen wollte, und glaubte dabei, daß ich bereits wie dieses Wunschbild aussah. Schließlich zeigte es Wirkung.

Als ich meinem Wunschgewicht und meiner Traumfigur schon recht nahe gekommen war, meinte eine Freundin:»Paß auf, daß du nicht zuviel abnimmst. Du hast ein kantiges Gesicht, du würdest dann zu hager aussehen.« Daraufhin machte ich mir wirklich Sorgen, daß ich vielleicht mit dem Abnehmen nicht aufhören könnte und dann zu dünn würde. Tatsächlich passierte das auch einmal, und ich kehrte die Sache ein Weilchen um. Es klappte, und ich wurde meinem heutigen Erscheinungsbild ähnlicher. Ich bin sehr zufrieden mit meinem Aussehen und damit, wie ich mich fühle, denn ich strebe keine Mannequinfigur an. Das Wichtigste ist, sein *eigenes* Wunschbild vor Augen zu haben. Lassen Sie sich von niemandem ein Bild aufdrängen, das nicht dem Ihren entspricht.

Achten Sie auf Veränderungen in Ihrem Verhalten, wenn Sie den Prozeß beginnen

Nun geschehen wunderbare Dinge. Seien Sie nicht überrascht, wenn Sie anfangen, Sport zu treiben, Spaziergänge zu unternehmen, anders zu essen, keine Limonade mehr zu trinken, häufiger kleinere Mahlzeiten zu sich zu nehmen, schweres Essen nicht mehr zu mögen, einen Therapeuten aufzusuchen oder lernen, Reste stehenzulassen oder sogar mehr zu essen! Das alles braucht Ihr Körper, um die Gestalt anzunehmen, die Sie sich vorstellen.

Die Gründe für Gewichtsprobleme sind individuell verschieden. Geist und Körper werden geprägt durch Erbanlagen, Erziehung, Umwelteinflüsse, Gefühle und Erfahrungen. Beim Schlankwerden mit Gedankenkraft nehmen Sie Einfluß auf dieses komplexe Gefüge, und zwar durch Ihre konzentrierte Vorstellungskraft.

Während Sie Ihre Aufmerksamkeit weiter auf Ihr Schlüsselbild richten, stellen Sie vielleicht fest, daß Sie Dinge tun, die Sie vorher nie getan hätten. Diese neuen Verhaltensweisen sind das Ergebnis der Arbeit Ihres Unterbewußtseins, das die Blockaden auf dem Weg zum erfolgreichen Abnehmen beseitigt. Sie können diesen Prozeß unterstützen, indem Sie tun, was Ihr höheres Selbst Ihnen sagt.

Wenn Sie die Neigung verspüren, nach dem Abendessen spazierenzugehen, tun Sie es! Wenn Sie an der Fleischtheke im Supermarkt einfach vorbeigehen, lassen Sie es geschehen. Ihr neues Selbstbild leitet Sie an, das Richtige zu tun und richtig zu essen. Selbst wenn Sie den Hinweis bekommen, etwas zu tun,

was Sie noch nie getan haben, seien Sie versichert, daß Sie auf
dem richtigen Weg sind.

Auf das höhere Selbst zu hören, unterstützt die Veränderungen

Was geschieht, wenn Sie beim Fernsehen den Sender wechseln?
Sie verfolgen das neue Programm interessiert, wenn es Ihnen
gefällt, und schon bald haben Sie vergessen, daß es eine Fern-
sehsendung ist. Es beginnt, Realität zu werden. Nur die Werbespots bringen Sie für kurze Zeit wieder in die Wirklichkeit Ihres Wohnzimmers zurück. Schlankwerden mit Gedankenkraft
bedeutet nichts anderes, als die innere Achtsamkeit und die innere Realität auf einen neuen Kanal oder eine neue Schwin-
gungsfrequenz einzustellen.

Wenn Sie nicht aufpassen, können Sie zu Anfang in die alten
Muster zurückfallen. Diese alten Muster zu erkennen, kann
Schwierigkeiten bereiten. Wenn Sie aufmerksam in sich hinein-
hören, stellen Sie sicher, daß die Richtung, in die Sie gehen, die
richtige ist.

Machen Sie immer wieder die Übung 11, um den »Sender«
Ihres höheren Selbst und sein Programm einzuschalten. Hören
Sie auf diese sanfte innere Stimme, wenn Sie nicht wissen, was
Sie essen oder welche Schritte Sie zum Schlankwerden unter-
nehmen sollen. Manche Menschen bezeichnen diese leise Stim-
me als Schutzengel, Intuition, Ahnung oder Stimme Gottes.
Welche Bezeichnung Sie auch wählen, finden Sie selbst heraus,
was sie Ihnen sagen will.

Braucht man zum Abnehmen Willenskraft?

Wenn wir uns im Einklang mit unserer inneren Stimme befinden, geschehen die Dinge wie von selbst. Man braucht sich,
ganz im Gegensatz zu der schmerzvollen Erfahrung mit jahrelangen Diäten oder Gymnastikübungen, weder abzumühen,
noch muß man leiden oder Ergebnisse erzwingen.

Werden Sie sich bewußt, daß Sie nichts forcieren, wenn Sie

Ihre Fähigkeit zur Imagination einsetzen. Sie haben zwar ein bestimmtes Ziel vor Augen, auf das Sie sich konzentrieren, aber Sie tun das vom Standpunkt des bereits erreichten Ziels aus. Freudige Erwartung erfüllt Sie, und Sie sind zufrieden damit, was Sie essen, was Sie tun und wie Sie mit anderen umgehen.

Wichtig ist, daß man handelt, wenn man den inneren Anstoß dazu verspürt

»Ich habe das Gefühl, meine Ernährung besser im Griff zu haben«, bemerkt Sharon. »Ich bin mit der Vorstellung aufgewachsen, daß Essen für Reichtum, Liebe und manchmal sogar für Wut steht. Ich hatte zum Beispiel das Bedürfnis zu essen, wenn ich traurig war. Ich habe beschlossen, das zu ändern. Andere bemerken schon, daß ich abgenommen habe. Ich sehe, daß es langsam vorangeht.« Es ist wichtig, sich darüber klarzuwerden, welche Probleme für Sie mit dem Essen verbunden sind, und sie dann anzugehen. Beachten Sie, daß Sharon bei sich das Muster erkannte, daß sie aß, wenn sie traurig war. Aber sie hat etwas dagegen unternommen. Es geht nicht darum, die Willenskraft einzusetzen, sondern nur darum, aktiv Entscheidungen zu treffen. Das ist viel einfacher, wenn Sie auf Ihr Schlüsselbild konzentriert sind. Es wird Sie zu den Nahrungsmitteln und Handlungen hinführen, die ihm entsprechen. Ihre Aufgabe ist es dann, sich in diese neue Richtung zu bewegen.

Sollten Sie jedoch erneut in alte Verhaltensmuster zurückfallen, werden Sie sich darin nicht mehr so behaglich fühlen wie zuvor. Nachdem ich mir ein paar Wochen lang vorgestellt hatte, ich wäre schlank, verspürte ich kein Verlangen mehr nach Süßem. Es hat einfach nicht mehr die magnetische Anziehungskraft, die es früher besaß. Ein leichtes Dessert oder ein Stück Obst schmecken mir heute genauso gut. Bei Menschen mit lebhafter Phantasie kann dieser Prozeß viel schneller ablaufen.

Was Sie unternehmen, hat vielleicht nichts mit Essen zu tun

Während Sie die Aufmerksamkeit auf Ihr Idealbild gerichtet halten, finden Sie vielleicht Interesse an Literatur, die Aufschluß über die psychischen Gründe für Übergewicht gibt, zu Übungen anregt oder sich auf die Kraft der Imagination bezieht, das Thema Lebensmittelallergien oder sonst etwas behandelt, das mit Ihrem Ziel in Zusammenhang steht. Jemand empfiehlt Ihnen vielleicht eine gute Ernährungsberaterin, eine Therapeutin oder eine Diät. Achten Sie auf diese feinen Hinweise. Es ist Ihr Unterbewußtsein, das sich auf diese Weise äußert.

Denken Sie daran, daß es für Ihr Gewichtsproblem eine individuelle Lösung gibt, weil Sie ein einzigartiges Individuum mit ureigener Körperchemie, Persönlichkeit und psychologischer Struktur sind. Nähern Sie sich der Lösung wie ein Detektiv, offen für jeden Hinweis, der zu einer neuen Art von Ernährung, Denken, Fitneßtraining oder zu einer neuen Daseinsweise führt.

Die für Sie richtige Problemlösung wird sich ganz von selbst finden. (Sie ist vielleicht schon die ganze Zeit dagewesen, aber jetzt können Sie sie deutlicher sehen!) Ihr Unterbewußtsein ist aufnahmebereit und wird die Führung durch dieses Labyrinth übernehmen.

Emotionale Probleme können auftauchen

Während Sie sich schlank denken, unternimmt Ihr Unterbewußtsein große Anstrengungen, um alle emotionalen Probleme zu beseitigen, die Sie veranlassen könnten, Ihr Gewicht zu halten (siehe Kapitel 7). Vertrauen Sie darauf, daß dieser Prozeß ein positives Zeichen ist. Er bedeutet, daß Ihr Unterbewußtsein den alten Krempel hinauswirft, der Ihrem neuen Selbstbild im Weg steht. Wenn Sie psychische Gründe haben, Ihr Gewicht zu halten, werden diese sich automatisch zeigen. Achten Sie darauf, und nehmen Sie bei Bedarf die Hilfe von Fachleuten in Anspruch. Die Übung am Schluß dieses Kapitels ist für Menschen gedacht, die essen, wenn sie emotional aufgewühlt sind, und damit ihre Gefühle unterdrücken.

Vielleicht beginnen Sie, sich so zu mögen, wie Sie sind

Manche Menschen berichten, daß ihre Figur sich zwar kaum verändert, sie aber anders darüber denken, seit sie versuchen, mit Gedankenkraft abzunehmen. Auch wenn Sie den festen Vorsatz haben, sich physisch zu verändern, hilft diese Methode Ihnen, die Schönheit Ihres Körpers zu sehen, weil Sie Ihr inneres Bild von sich ändern. Es erscheint paradox, daß Sie dadurch vielleicht das Interesse an dem perfekten Aussehen verlieren, das Sie immer angestrebt haben. Doch beim Schlankwerden mit Gedankenkraft wird manchen Menschen bewußt, daß Figur und Körperumfang Ausdruck ihrer Individualität sind und sie ihren Körper als einmaliges Kunstwerk betrachten sollten.

Auf diese Erkenntnis reagiert jeder anders. Die einen stellen fest, daß sie eigentlich Freude an ihrem Körper haben und einfach auf Modetrends und Meinungen hereingefallen sind, die ihnen weisgemacht haben, daß ihr Körper anders sein müßte. Vielen Frauen ist gar nicht klar, wie schlank sie bereits sind, denn von den Medien wird ihnen ständig eingehämmert, daß sie abnehmen müssen. Andere jedoch kommen zu der Ansicht, daß sie aus gesundheitlichen Gründen etwas ändern müssen und sich mit einer schlankeren Figur wohler fühlen würden.

Ich selbst bin manchmal zu dünn geworden und mußte mich tatsächlich wieder etwas dicker denken. Mager zu sein war nicht so schön, wie ich gedacht hatte!

Schlank mit Gedankenkraft hat viele positive Nebenwirkungen

Greta erzählt, nach dem Besuch meines Seminars sei sie zu der Überzeugung gelangt, sich so, wie sie war, zu akzeptieren. »Ich brauchte meinen Körper nicht zu verändern, aber Schlank mit Gedankenkraft hat mir bewußt gemacht, daß ich meine Gedan-

ken und Gefühle sowie mein äußeres Leben bestimmen kann.
Jetzt sehe ich tiefer in mich hinein.« Freunde sagen ihr, sie sähe
viel schlanker und glücklicher aus, wahrscheinlich nur das Ergebnis ihrer neuen Sichtweise.

Eine der wunderbaren Begleiterscheinungen dieser Methode
ist, daß andere Menschen beginnen, eine Veränderung an Ihnen
wahrzunehmen, noch bevor Ihr Körper sich verändert. Sie machen dann vielleicht Bemerkungen über Ihr gutes Aussehen
oder darüber, wie schlank Sie sind!

Vergessen Sie nicht, sich zu bedanken und das Kompliment
anzunehmen; das wird Ihnen helfen, Ihr neues Ich zu akzeptieren.

Sogar Menschen mit Eßstörungen fühlen sich wohler

Frauen mit Eßstörungen, die mit den Übungen in diesem Buch
gearbeitet haben, fühlten sich danach viel wohler. Es braucht
Zeit, aber viele von ihnen sind in der Lage, die tiefsitzenden
Probleme zu lösen, die zu Magersucht oder Bulimie führen.
Warum? Meist lernen sie, sich selbst in positiverem Licht zu sehen. Sie setzen Ihre Vorstellungskraft ein, um ihr Selbstbild
dem anzupassen, was sie eigentlich schon sind – schlank und
weiblich.

Einstellungen zu anderen verändern sich

Achten Sie darauf, wie sich Ihre Einstellung anderen gegenüber
verändert, während Sie sich allmählich selbst mehr akzeptieren
und weniger kritisieren. Vielleicht betrachten Sie die Menschen
in Ihrer Umgebung jetzt auch nicht mehr so kritisch.

Ihre Fähigkeit, die Einzigartigkeit jedes Menschen zu erkennen, wächst. Wenn Sie anderen gegenüber tolerant sein können
und ihnen mehr Freiheit einräumen, finden Sie letztendlich
selbst mehr Freiheit, um sich schlank zu denken.

Liebevolle Akzeptanz ist der Schlüssel zum Erfolg, wenn Sie
Kinder mit Gewichtsproblemen haben. Je mehr ein Kind so sein
darf, wie es ist, desto ausgeglichener und gesünder kann es sich
sehen – und folglich auch werden.

Starke Emotionen vermindern das Eßbedürfnis

Inzwischen ist die Erinnerung stark verblaßt, aber ich habe früher gegessen, wenn ich aufgewühlt, traurig, besorgt oder einsam war oder mich abgewiesen fühlte. Selbst wenn ich nicht den geringsten Hunger hatte, stürzte ich mich in solchen Situationen auf irgend etwas Eßbares. Heute ist mir völlig klar, daß ich die Gefühle mit dem Essen »heruntergeschluckt« habe. Ich wollte sie nicht, also mußten sie verdrängt werden. Ich tat das in Form von Essen. Andere versuchen es auch mit Zigaretten, Alkohol oder anderen Drogen. Es ist eine weitverbreitete Reaktion auf ein sehr häufiges Problem. Aus Unfähigkeit, mit emotionalem Streß umzugehen, versuchen wir, ihn auf irgendeine Weise loszuwerden.

Eine Frau erzählte mir, immer wenn sie bei der Arbeit vor einem Problem stünde, würde sie vor dem Fernseher Croissants essen. Sie ist allergisch gegen Weizen, also schläft sie sofort ein. Das ist eine Methode, sich vor der Arbeit zu drücken, ein Problem bewußt wahrzunehmen und es aktiv anzugehen.

Wir lernen nicht einmal ansatzweise, wie man mit Emotionen umgeht, weil unsere Eltern es auch nicht wußten! Es ist eigentlich sehr einfach, aber nicht unbedingt leicht. Wenn man Emotionen ganz natürlich zulassen darf, steigen sie auf, werden wahrgenommen und vergehen wieder, wie Luftblasen in einem Teich. Die meisten von uns haben Angst vor dem Schmerz, den Gefühle hervorrufen, also suchen sie sich eine Methode, ihn zu unterdrücken – und mit Essen geht das wunderbar.

Die gesunde Art, mit Emotionen umzugehen, besteht darin, sie zuzulassen und auszuhalten. Wenn Sie Hilfe brauchen, um zu lernen, Emotionen angstfrei zu bewältigen, suchen Sie eine Beratungsstelle oder einen Therapeuten auf. Dazu werde ich in Kapitel 7 mehr sagen, denn viele übergewichtige Menschen haben mir berichtet, daß sie ihre Gefühle unterdrücken.

Was Sie tun können

Wenn Sie bei emotionaler Anspannung das Bedürfnis haben zu essen, führen Sie folgendes Experiment aus:

Sagen Sie sich, daß Sie gleich essen können, was immer Sie wollen. Setzen Sie sich dann in einen bequemen Sessel, oder legen Sie sich auf eine weiche Unterlage. Machen Sie tiefe Atemzüge, und atmen Sie dabei alle Spannung aus, die Sie spüren. Verwenden Sie eine der Schlüsselübungen zur Entspannung, singen Sie zum Beispiel ein Lied, das Sie gern mögen, oder wiederholen Sie die Silbe Hu, und stellen Sie sich vor, daß blaues Licht (sehr beruhigend) in den Bereich Ihres Körpers strömt, in dem Sie Schmerzen oder Leere empfinden.

Nun lassen Sie einfach die Gefühle zu, die aufsteigen. Weinen Sie, wenn Sie traurig sind, oder schlagen Sie auf ein Kissen ein, wenn Sie Zorn fühlen. Lassen Sie alle Emotionen kommen und gehen. Schießen Sie Ihre Wut ins Zentrum der Erde, und lassen Sie sie dort mit der flüssigen Lava verschmelzen. Wenn Sie Schmerzen haben, lassen Sie sie als Dunst aufsteigen und sich auflösen, wenn er Ihren Körper verläßt. Setzen Sie Ihre Phantasie ein, um soviel Heilung wie möglich zu erreichen.

Folgende Übung ist sehr wirksam: Stellen Sie sich ein blaues Licht vor, das auf alle dunklen Flecken scheint, die noch schmerzen. Lassen Sie die Liebe Gottes oder die Lebenskraft in sich einströmen und Ihre Wunden heilen.

Und nun spüren Sie nach, ob Sie immer noch etwas essen möchten. Wenn Sie nicht wirklich Hunger haben, werden Sie nach dieser Übung kaum das Bedürfnis danach verspüren.

Äußere Autoritäten treten Ihrer inneren Autorität gegenüber in den Hintergrund

Manche Menschen lassen sich von Diätkuren, Schlankheitszentren oder Ernährungsfachleuten alle Entscheidungen abnehmen, wenn sie Gewicht verlieren wollen. Wenn Sie Ihr Leben mit Hilfe Ihrer kreativen Imagination selbst in die Hand nehmen, werden Sie feststellen, daß es nur eine einzige Autorität gibt, und das sind Sie selbst. Sie werden Mittel und Wege finden, die für Sie richtig sind. Es gibt natürlich auch gut ausgebildete und erfahrene Experten, die Ihnen zur Seite stehen. Wenn Sie aber Ihrer eigenen »inneren Autorität« vertrauen, werden Sie wissen, an wen Sie sich wenden und was Sie tun müssen. Intuition als Mittel zur Entscheidungsfindung wird immer mehr respektiert, vorausgesetzt, man läßt dabei den gesunden Menschenverstand nicht außer acht. Das schafft Selbstvertrauen. Bei all dem Wissen, das wir heutzutage über Nahrung, Stoffwechsel, Fitneßübungen und Psychologie besitzen, können wir fast jedes Gewichtsproblem bewältigen, wenn Intuition, die Kraft der Gedanken und eine positive Einstellung hinzukommen. Wenn nur eins dieser Elemente fehlt, kann es schwierig werden.

Was Sie tun können

Nehmen Sie sich einen Moment Zeit, um hier oder in Ihrem Tagebuch aufzuschreiben, weshalb Sie mit sich und Ihrer inneren Autorität zufriedener sind, seit Sie sich schlank denken.

. . . .

. . . .

. . . .

Schlank mit Gedankenkraft funktioniert so lange, wie Sie es anwenden

Danielle stellte fest, daß sie gesünder lebte. Nach der ersten Woche Schlankdenken hatte sie fünf Pfund abgenommen. Sie hörte auf ihre innere Autorität und konzentrierte sich morgens und abends auf ihr Schlüsselbild. Wenn sie aufwachte, hatte sie liebevolle Gefühle für sich und sah sich so, wie sie früher gewesen war, schlanker und glücklicher. Sie hatte die Übungen neben ihrem Bett liegen und las jeden Abend ein Stückchen in dem Buch. Schon diese wenigen, einfachen Dinge führten zum Erfolg.

Linda nahm sich jeden Morgen ein paar Minuten Zeit, um

sich ihr Idealbild vorzustellen, und wurde von Tag zu Tag schlanker.

Joannie verwendete ein Schlüsselbild und konzentrierte sich einmal am Tag in ihrer Meditation darauf. Sie nahm zwanzig Pfund ab.

Diese Erfolgsgeschichten lassen sich beliebig fortsetzen, doch Sie können bald Ihre eigene schreiben.

Kapitel 7

Wie man Eigensabotage entdeckt

»Je härter man fällt, desto höher federt man zurück«

AMERIKANISCHES SPRICHWORT

Immer wenn ich etwas wirklich möchte, es aber anscheinend nicht erreichen kann, weiß ich, daß mich bestimmte Einstellungen oder alte Überzeugungen daran hindern. Immer wieder habe ich gesehen, wie Unmögliches möglich wurde, warum verbaue ich mir also selbst den Weg?
Die Gründe sind meist unterhalb der bewußten Ebene zu suchen. Wie können wir sie aufspüren und loslassen? Dieses Kapitel wird Ihnen helfen, alle Blockaden aufzulösen, auf die Sie stoßen, während Sie Ihr neues Selbstbild schaffen. Meine Erfahrung hat mich gelehrt, auf bestimmte Zeichen zu achten, die uns sagen, wann wir vom Weg abkommen. Ich werde Ihnen einige der häufigsten vorstellen und Ihnen Hinweise geben, wie Sie wieder auf den Weg zum Schlankwerden mit Gedankenkraft zurückfinden. Versuchen Sie aber selbst kreativ zu sein und Techniken zu erfinden. Wenn Sie einmal den Grund eines Problems entdeckt haben, ist es auch schon halb gelöst. Und Sie wissen ja, daß etwas funktioniert, wenn man überzeugt ist, daß es funktioniert.

Zeichen 1: Sie hören sich sagen: »Das funktioniert nicht«

Vielleicht sagen Sie sich: »Ich nehme weiter zu.« Das habe ich auch getan, daher weiß ich, wie leicht es ist, in alte Muster zurückzufallen. Inzwischen ist Ihnen klar, daß Sorgen und die

damit einhergehenden Bilder gegen die Schlüsselbilder arbeiten, auf die Sie sich konzentrieren. Es ist eine alte Platte, die immer wieder abgespielt wird, selbst wenn Sie überhaupt nicht
zugenommen haben.

Ganz gleich, wieviel Sie anscheinend zunehmen (falls Sie das
wirklich tun), Sie können diesen Prozeß nur stoppen, wenn Sie
sich weiterhin strikt an die Prinzipien des Schlankdenkens halten. Mit anderen Worten, auch wenn Sie das Gefühl haben, Sie
hätten die Schlacht verloren, werden Sie den Krieg gewinnen,
wenn Sie so handeln, als sei Ihnen der Erfolg sicher.

Inzwischen beginnen Experten im medizinischen Bereich,
den Einfluß des Unterbewußtseins auf die Gesundheit zu er-
forschen. Manche sprechen davon, daß es in jeder Körperzelle
Neuropeptide (eiweißähnliche Gehirnmoleküle) gibt, die in der
Lage sind, Veränderungen herbeizuführen. Das heißt, daß jede
einzelne Zelle unseres Körpers »denken« kann. Wir erneuern
ununterbrochen unsere atomare Struktur. (Achtundneunzig
Prozent unseres Körpers existierten vor einem Jahr noch nicht!)
Überlegen Sie einmal, wie diese Fähigkeit Ihres Körpers, auf
Ihre Gedanken zu reagieren, Ihr Körpergewicht und Ihre Ge-
sundheit beeinflussen kann.

Wenn Ihr Körper also »intelligent« ist, folgt daraus, daß er
auf jeden Gedanken und jedes Gefühl Ihrerseits reagiert. Wie
können Sie nun vermeiden, sich Sorgen zu machen und alte Gedankenmuster wieder aufleben zu lassen? Es ist nicht immer
leicht, aber ein paar einfache Techniken können Ihnen helfen,
dagegen anzugehen.

Was Sie tun können

Identifizieren Sie alle unerwünschten Gedanken, Handlungen und Gefühle. Stellen Sie sich vor, daß Sie diese mental von der Tafel Ihres Geistes löschen. Dann ersetzen Sie sie durch erwünschtere Gedanken und Gefühle. Wiederholen Sie den neuen, positiven Gedanken so lange, bis Sie ihn innerlich spüren. Diese Übung wirkt, weil der Verstand wie ein Kind ist. Die alten Gedankenmuster sind sein vertrautes Spielzeug. Er läßt sie nur los, wenn man ihm dafür neue gibt, und genau das tun Sie mit dieser Übung. Sie muß oft wiederholt werden, so lange, bis der Verstand die alten Gedanken loslassen und die neuen akzeptieren kann.

Zeichen 2: Sie haben das zwanghafte Bedürfnis, sich häufig zu wiegen

Bei uns allen schwankt das Körpergewicht um mehrere Pfunde. Man kann abends bis zu einem oder zwei Kilo mehr wiegen als morgens. Ständig sein Gewicht zu kontrollieren, kann fatal sein. Mich hat es wochenlang deprimiert, bis ich endlich meine Badezimmerwaage hinauswarf. Hier ist eine einfache Übung, die Sie ausführen können, damit sich Ihre Gedanken nicht ständig um die Waage drehen.

Was Sie jetzt gleich tun können

Trennen Sie sich von Ihrer Waage! Einfacher kann es nicht mehr werden – und eine andere Lösung gibt es eigentlich nicht. Wenn Sie wollen, können Sie Ihre Waage einer Freundin zur Aufbewahrung geben, aber sie darf Ihnen nicht zugänglich sein. Wenn Menschen in Ihrer Umgebung die Waage benutzen möchten, sollten Sie sie bitten, sie vor Ihnen zu verstecken – zumindest vorläufig. Wenn Sie besorgt sind, weil Sie nun nicht wissen, ob Sie zunehmen, keine Angst: Ihre Kleider werden es Ihnen schon zeigen. Und jetzt verbannen Sie diesen Gedanken aus Ihrem Kopf!

Zeichen 3: Sie machen sich fertig, weil Sie negativ denken

Haben Sie Mut! Schuldgefühle sind wohl ein integraler Bestandteil der meisten Kulturen, aber für unsere Zwecke sind sie unnötig. Ein schlechtes Gewissen ist nicht nur völlig überflüssig, sondern schadet auch Ihrem Selbstbild. Vielleicht sollten Sie einmal darüber nachdenken, welche Auswirkungen es hätte, sich »schlankzulieben«.

Was Sie jetzt gleich tun können

Wenn in Ihren Kopf immer wieder Sätze auftauchen wie: »Ich darf nicht negativ denken« oder »Immer an mein Gewicht zu denken, löst meine Probleme nicht; ich bin ja so blöd!«, sagen Sie einfach zu sich selbst: »Halt!« Dann ersetzen Sie die Schuldgefühle durch liebevolle Gefühle zu sich selbst, weil Sie wirklich etwas unternehmen, um Ihr Leben zu verbessern. Sie tun, was Sie können, und jeder »schlanke« Gedanke, den Sie über Ihr neues Ich denken, ist ein weiterer Schritt in die richtige Richtung.

Zeichen 4: Sie haben ein schlechtes Gewissen, weil Sie etwas gegessen haben, das Sie eigentlich nicht essen sollten

Glauben Sie, daß schlanke Menschen ein schlechtes Gewissen haben, weil Sie bestimmte Speisen gegessen haben? Wohl kaum, es sei denn, sie handeln damit gegen Anweisungen ihres Arztes. Nein, schlanke Menschen verspeisen fröhlich das, worauf sie gerade Lust haben. Und genau das gehört auch zum Schlankwerden mit Gedankenkraft.

Ich verstehe gut, daß man bereuen kann, etwas Bestimmtes gegessen zu haben. Solche Gefühle hatte ich mein Leben lang. Überwunden habe ich sie, indem ich mir sagte, wenn ich schon etwas Verbotenes esse, will ich das mit Genuß tun. Als ich mit dem Schlankwerden mit Gedankenkraft begonnen hatte, wußte ich, daß mich Schuldgefühle nur am Abnehmen hindern. Sich schlank denken heißt denken, daß man bereits schlank ist. Sie sind ein schlanker Mensch, der essen kann, was er möchte. Sie lieben und vertrauen sich selbst und können sich darauf verlassen, daß Ihr Instinkt Ihnen sagt, was Sie brauchen. Sie essen, bis Sie satt sind, und nicht mehr, selbst wenn ein großes Buffet vor Ihnen steht. Sie können sogar Essen auf dem Teller liegenlassen, wenn Sie zu satt sind, es aufzuessen! Es gehört einfach zu Ihrer Lebensweise, daß Sie Essen als Nahrung und als nichts anderes betrachten, es sei denn, Sie haben ein spezielles Interesse am Kochen.

Wenn Sie einmal zuviel essen oder eine schwere Mahlzeit bereuen, sagen Sie sich einfach: »Ich mache das so selten. Und außerdem hat es mir wirklich gut geschmeckt.« Dann kümmern Sie sich um andere Dinge.

Wenn Sie dem Essen eine so große Bedeutung beimessen, suggerieren Sie Ihrem Unterbewußtsein, daß Essen ungeheuer wichtig ist, worauf Ihr Körper dann reagiert, indem er zunimmt. Nachfolgend eine Methode, um dem entgegenzuwirken.

Was Sie tun können

Wenn Sie das Gefühl haben, daß Sie sich unnachsichtig kritisieren, wenn Sie etwas »Falsches« essen, sagen Sie Ihrem Gewissen, es soll Sie in Ruhe lassen. Und dann genießen Sie Ihre nächste Mahlzeit und denken: »Alles, was ich esse, wird zu Energie!« Sagen Sie sich, daß Ihr Körper wahrscheinlich mehr Kalorien verbrennen muß, als Sie zu sich genommen haben, um all das Essen zu verdauen! Machen Sie – wenn möglich – einen Spaziergang, und atmen Sie die frische Luft. Sie wird das Völlegefühl lindern, das vielleicht dazu beigetragen hat, ein schlechtes Gewissen zu erzeugen.

Zeichen 5: Sie merken, daß Sie sich von anderen beeinflussen lassen

Manchmal war ich ganz schön entmutigt, wenn Werbung mir das Gefühl gab, ich müßte zuerst meinen Körper ändern, um ein neues Selbstbild zu erhalten. In Wirklichkeit verhält es sich genau umgekehrt. Das Selbstbild wird sich durch die bloße Veränderung des Körpers nicht verwandeln, und schon gar nicht, wenn Sie es mit Hilfe einer Diätkur versuchen. Erst müssen Sie an Ihrem Selbstbild arbeiten, bevor sich an Ihrem Körper eine Veränderung zeigen kann, die dann ein Leben lang anhält.

Wenn andere über Diäten sprechen, ist man versucht, wieder in das alte Gedankenmuster zu verfallen, daß Essen allein das Körpergewicht bestimmt. Natürlich hat es einen großen Einfluß, aber warum wird ständig über Diäten geredet? Weil sie für die, die sich darauf verlassen, unentbehrlich sind, um das Gewicht zu halten. Vermeiden Sie solche Unterhaltungen, damit Sie einen klaren Kopf behalten und gute Ergebnisse erzielen.

Außerdem betreiben manche das Schlankwerden wie die Suche nach dem Heiligen Gral. Doch Ihre Auffassung von Gesundheit kann sich von der Sicht der Durchschnittsfrau durchaus unterscheiden. Sie fühlen sich vielleicht mit Größe 46 am wohlsten und attraktivsten. Gönnen Sie sich den Körper, für den Sie sich entschieden haben, und streben Sie nicht nach einer Figur, die andere für Sie aussuchen.

Was Sie jetzt gleich tun können

Beschreiben Sie hier oder in Ihrem Tagebuch Ihr ideales Aussehen.

....

....

....

....

Jetzt beschließen Sie, daß Sie ein Recht darauf haben, so auszusehen, wie Sie wollen, ganz egal, was andere Menschen oder die Medien für richtig halten. Sie sind Ihre eigene Autorität, und Sie sollten Trendsetter für andere sein! Schließlich muß jemand damit anfangen, gegen den Strom zu schwimmen. Warum nicht Sie?

Zeichen 6: Sie verlieren den Mut, weil Sie zunehmen oder ungeduldig werden

Manche Frauen, und dazu gehörte auch ich, nehmen zu, wenn Sie mit dem Schlankwerden durch Gedankenkraft beginnen. Dafür gibt es gute Gründe. Manchmal muß der Körper neues Muskelgewebe bilden, um mehr Kalorien verbrennen zu können. Muskeln wiegen mehr als Fett! Oder man muß ein wenig zunehmen, um das System ins Gleichgewicht zu bringen, bevor es beginnt, Fett abzubauen.

Andererseits tauchen auch alte Gedanken und Bilder auf, die man bekämpfen und durch neue ersetzen muß. Ich habe es mit Geduld und Beharrlichkeit geschafft, und Sie können das auch. Weil wir in allen Lebensbereichen mit Versprechungen vom schnellen Erfolg irregeleitet werden, vergessen wir, daß dauerhafte Ergebnisse viel Zeit und Energie benötigen.

Wie viele Jahre sind Sie darauf programmiert worden, übergewichtig zu sein? Wenn Sie sich überlegen, wie viele intensive Gedanken Sie in all diesen Jahren an Ihr Unterbewußtsein gerichtet haben, bekommen Sie vielleicht eine Ahnung davon, wieviel Zeit nötig ist, um den Schaden an Ihrem Selbstbild zu beheben.

Fangen Sie jetzt an, sich schlank zu denken, bevor sich weitere negative Gedankenmuster einschleichen können. Mit etwas Zeit und Ausdauer lassen sich die alten Muster überwinden. Nach einer Weile wird Ihnen das Schlankwerden mit Gedankenkraft so selbstverständlich erscheinen, daß es keine Anstrengung mehr erfordert. Es wird Ihnen sogar merkwürdig vorkommen, anders zu denken.

Was Sie tun können

Wenn Sie merken, daß Sie wieder zunehmen oder ungeduldig werden, denken Sie an die folgende Geschichte:

Arie Luyendyk sah sich zehn Jahre lang als Sieger im Autorennen. Er hatte ein Bild von sich als Sieger, obwohl er noch nie ein Rennen gewonnen hatte. Wenn andere Rennfahrer nach dem Rennen verreisten, feierten und Ferien machten, ging Arie gleich nach Hause und widmete sich einem strengen Programm von Fitneßübungen und Feinschmeckerküche. Das war Teil seiner Disziplin. Er konzentrierte sich auf sein Idealbild und gab nicht auf. Schließlich verwirklichte sich seine Vorstellung auf großartige Weise. Er gewann 1990 das Indianapolis 500 in den letzten Runden! Das konnte nur deshalb geschehen, weil er einfach nicht aufgegeben hatte. Er war innerlich ein Sieger, aber er brauchte ungeheuer viel Zeit, Geduld und außerdem sehr große Konzentration, um sein Selbstbild in die Realität umzusetzen.

Wenn Sie entmutigt sind, lesen Sie Lebensgeschichten von Menschen, die große Hindernisse überwinden mußten, um ihre Ziele zu erreichen. Es gibt viele solcher Geschichten, denn Erfolg fordert immer seinen Preis.

Ich kenne nur wenige Menschen, denen die Tür zum Erfolg einfach offenstand. Für die meisten ist der Weg dorthin steinig. Haben Sie daher Geduld mit sich, wenn sie wirklich etwas erreichen wollen. Außerdem hilft es, wenn man weiß, daß man diese Steine mit den Methoden, die in diesem Buch vorgestellt werden, aus dem Weg räumen kann.

Sie können unterbewußte Gründe dafür haben, daß Sie Ihr Übergewicht nicht loswerden

Als ich begann, mich schlank zu denken, war ich für Vorschläge meines Unterbewußtseins empfänglich, die mir beim Abnehmen helfen würden. Ich suchte nach den inneren Gründen dafür, daß ich mein Übergewicht bisher nicht losgeworden war. Ich machte mich auf eine psychologische Safari, um zu ergründen, warum ich mich entschieden hatte, so dick zu sein. Bei meinen Entdeckungen und denen vieler anderer habe ich einige häufige Gründe gefunden, warum man soviel überflüssige Pfunde mit sich herumschleppt. Wenn Sie mit dem mentalen Prozeß beginnen, sich selbst schlank zu sehen, sollten Sie ab und zu auf dieses Kapitel zurückgreifen, um festzustellen, ob einer oder mehrere dieser Gründe vielleicht auch auf Sie zutreffen.

Grund 1: Selbstschutz

Übergewicht kann als schützende Barriere dienen, mit der man etwas oder jemanden abwehrt. Das heißt, daß man der eigenen inneren Stärke nicht traut. Häufig haben mir Seminarteilnehmerinnen erzählt, daß sie sich als Opfer sehen oder sich nicht geborgen fühlen und glauben, in ihrem Leben nicht genug Liebe bekommen zu haben. Diese Gefühle wurden ihnen in Form von Kritik, Abweisung oder schlechter Behandlung von anderen vermittelt.

Solche Gefühle resultieren häufig aus einem geringen Selbstwertgefühl. Gefühle von Unzulänglichkeit oder Schwäche kann man mit einiger Anstrengung überwinden, indem man versucht, sich selbst mehr zu lieben. Wenn Sie sich als das geistige Wesen sehen könnten, das Sie sind, müßten Sie sich vor dem Leben, vor Ihren eigenen Entscheidungen oder vor der Kritik anderer nicht mehr schützen.

Was Sie tun können

Nehmen Sie Stift und Papier zur Hand, und suchen Sie sich einen ruhigen Platz. Entspannen Sie sich mit einigen tiefen Atemzügen, und denken Sie an die Situationen, in denen Sie glauben, sich schützen zu müssen. Beschreiben Sie die erste Situation, die Ihnen einfällt. Fragen Sie sich, warum Sie so empfinden und wie sich diese Gefühle verändern lassen. Vielleicht können Sie mit den Menschen, die an dieser Situation beteiligt sind, sprechen, sich selbst mehr vertrauen und lieben oder einfach Ihr Leben selbst in die Hand nehmen.

Schreiben Sie unter Ihre Schilderung einen kurzen Brief an sich selbst. Schreiben Sie sich, daß Sie sich um diese Situation kümmern werden, und beschreiben Sie, wie und wann Sie das tun werden. Unterschreiben und datieren Sie Ihr Briefchen dann, so als würden Sie einen Vertrag mit sich selbst abschließen. Ihr Unterbewußtsein kann Ihnen jetzt helfen, die Mittel zur Klärung der Situation zu finden.

Das Gefühl, sich schützen zu müssen, kann außerdem entstehen, wenn es wirklich nötig ist, eine Situation zu verändern. Bei Gewichtsproblemen, die solche Gründe haben, kann eine gute psychologische Beratung hilfreich sein – vor allem dann, wenn Sie Schwierigkeiten haben, diese Probleme allein zu lösen.

Grund 2: Eine Last tragen

Manche Menschen »tragen das Gewicht« ihrer Probleme oder die Lasten anderer. Wenn jemand dazu neigt, sich für alle und alles verantwortlich zu fühlen, versucht er zu helfen, indem er »die Last auf sich nimmt«.

Sandy erkannte, daß sie um so stärker zunahm, je erfolgreicher ihre Firma wurde! Da immer mehr Arbeit anfiel, mußte sie sie schließlich an andere delegieren. Als Sandy diesen Grund für ihr Übergewicht erkannt hatte und begann, ihren Mitarbeitern mehr zuzutrauen, verbesserte sich sofort ihr Selbstbild, und sie verlor die überflüssigen Pfunde.

Was Sie tun können

Setzen Sie sich in einen bequemen Sessel, und halten Sie Stift und Papier griffbereit. Schließen Sie die Augen, und atmen Sie ein paar Momente tief durch. Entspannen Sie dabei Ihren Körper.

Gehen Sie jetzt nach innen, und bitten Sie Ihr höheres Selbst oder Gott, Ihnen zu zeigen, welche Last Sie tragen. Schreiben Sie es auf. Fragen Sie sich, wie Sie die Last dieser Verantwortung den entsprechenden Menschen oder dem Universum übertragen können. Überlassen Sie es Gott!

Zum Schluß geben Sie alle fremde Verantwortung ab, indem

Sie sich vorstellen, sie wäre überschüssiges Wasser in Ihrem
Körper, das nun einfach wie ein Wasserfall aus Ihnen heraus-
fließt.
Vielleicht benötigen Sie dazu professionelle Hilfe. Das ist eine persönliche Entscheidung. Sie werden erfahren, ob und
wann Sie therapeutische Unterstützung brauchen, indem Sie
einfach Ihre Aufmerksamkeit auf Ihr Idealbild richten.

Grund 3: Ein ungestilltes Bedürfnis befriedigen

Viele von uns haben das alte Ein-Eis-macht-es-wieder-gut-Syn-
drom. Die meisten sind mit der Vorstellung aufgewachsen, daß
Süßigkeiten oder schweres Essen alles in Ordnung bringen, von
Bauchschmerzen bis zu Liebeskummer. Essen wurde mit Liebe
gleichgesetzt. Und wenn wir heute das Gefühl haben, nicht genug Liebe zu bekommen, versuchen wir oft, unsere innere Leere mit Essen zu füllen.

Was Sie tun können

Suchen Sie sich ein ruhiges Eckchen, erholen Sie sich einen
Augenblick, und entspannen Sie den ganzen Körper. Stellen Sie
sich einen goldenen Brunnen vor, aus dem das köstlichste Wasser der Welt herausprudelt. Es ist durststillend und mit keinem irdischen Wasser vergleichbar. In Wirklichkeit ist es Gottes
Liebe zu Ihnen, und Sie können soviel davon trinken, wie Sie
möchten.
Jetzt sind Sie so angefüllt mit dieser Liebe, daß Sie auch anderen davon geben können. Überlegen Sie, was Sie heute tun
können, um jemand anders zu helfen. Besuchen Sie eine Freundin, die einsam ist, lächeln Sie die Leute im Supermarkt an,
oder beginnen Sie mit der ehrenamtlichen Tätigkeit, die Sie
schon lange planen. Richten Sie Ihre Aufmerksamkeit nach
außen.
Wieder sollten Sie, wenn Sie mit der Situation nicht fertig
werden, in sich gehen und auf Ihre innere Stimme hören, die
Ihnen vielleicht rät, professionelle Hilfe in Anspruch zu neh-

men. Vielleicht gibt es eine Selbsthilfegruppe, die Sie unterstützen kann. Möglicherweise finden Sie im Telefonbuch oder in der Zeitung einen Hinweis auf eine Sache, die Sie anspricht und Ihnen den Weg in die richtige Richtung weist.

Sehen Sie sich einfach weiter so, wie Sie sein möchten, ganz egal, was Sie essen. Vielleicht finden Sie jemanden, der Ihnen hilft, Essen durch Liebe ersetzen zu lernen.

Grund 4: Es fällt Ihnen schwer, nein zu sagen

Manche Experten sind der Meinung, Menschen mit Übergewicht könnten schlecht nein sagen. Wenn sie lernen würden, ihre Gefühle auszudrücken und danach zu handeln, würden sie abnehmen. Julie fiel es schwer, ihren erwachsenen Kindern etwas abzuschlagen. Sie hatten alle selbst Familie, stützten sich aber häufig auf die Hilfe ihrer Mutter. Als die Familie ihres Sohnes bei ihr einzog, hatte Julie Schwierigkeiten, das Gewicht loszuwerden, das sie für die anderen trug.

Sind Sie immer für andere da, ohne sich Zeit für sich selbst zu nehmen? Sind Sie von Menschen umgeben, die ständig etwas von Ihnen wollen? Dann gehören Sie vielleicht zu denen, die lernen müssen, nein zu sagen. Auch ich hatte dieses Problem. Ich beobachte mich noch immer, um sicherzugehen, daß ich keine Projekte oder Verpflichtungen übernehme, wie klein sie auch sein mögen, wenn mir nicht danach zumute ist.

Was Sie tun können

Wenn Sie das nächstemal jemand um etwas bittet, versuchen Sie zu sagen: »Ich möchte mir das überlegen.« Haben Sie soviel Respekt vor sich selbst, wie Sie vor anderen Menschen hätten! Nehmen Sie sich Zeit, um zu entscheiden, ob Sie es wirklich gern tun. Sie könnten sich auch nach Kursen oder Seminaren erkundigen, in denen Selbstsicherheit trainiert wird. Ein derartiges Training kann Ihre Bemühungen unterstützen, sich so zu verhalten, wie es für Sie gut ist.

Grund 5: Man vermeidet es, Ängsten oder anderen Hindernissen auf dem Weg zum Erfolg ins Auge zu sehen

Eine Frau, die ich Sally nennen will, war so sehr verletzt worden, daß sie sich unbewußt gegen weitere Kränkungen schützen mußte. Das tat sie, indem Sie so unattraktiv wurde, daß sie selbst das Gefühl hatte, niemand könnte sie mehr lieben. Es begann mit Zunehmen, der schnellste Weg für Sallys Unterbewußtsein, auf ihren unbewußten Wunsch nach Unansehnlichkeit zu reagieren. Dann fragte Sally sich, ob sich das Bemühen, hübsch auszusehen, überhaupt lohnte. Sie ließ sich gehen. Nach und nach wurde ihr positives Selbstbild zerstört.

Diese Abwärtsspirale ist eine Falle, in die alle hineingeraten können, die die Hoffnung aufgeben. Wenn Sie merken, daß Sie sich nach Liebe sehnen, aber nicht bereit sind, auch die Schmerzen zu ertragen, können Sie etwas dagegen tun.

Was Sie tun können

Sich selbst zu lieben, ist der Schlüssel zur Freiheit. Wenn Sie sich selbst lieben, sind Sie nicht mehr davon abhängig, daß jemand anders Sie liebt, und Sie sind nicht mehr am Boden zerstört, wenn das nicht der Fall ist. Sie können selbst für sich sorgen. Dieses Thema wird in vielen Büchern behandelt, und eine gute psychologische Beratung kann ebenfalls helfen.

Hier stelle ich Ihnen eine Übung vor, die Sie täglich ausführen können, um sich lieben zu lernen.

Umarmen sie sich einfach, und sagen Sie sich, daß Sie sich lieben und daß Sie Ihr ganzes Leben lang auf die bestmögliche Weise für sich sorgen werden. Versprechen Sie sich, sich wie ein kostbares Juwel zu behandeln.

Eine Frau, die diese Übung täglich ausführte, stellte fest, daß ihre Kleider immer weiter wurden und ihre Haut sich jetzt wie Seide anfühlt.

Grund 6: Jemand anders möchte, daß Sie abnehmen

Sind es wirklich Sie selbst, Ihr wahres Ich, das abnehmen möchte, oder hätte jemand anders sie gern schlanker? Ein geliebter Mensch könnte der Meinung sein, daß Sie eine andere Konfektionsgröße oder eine andere Figur haben sollten. Vielleicht fühlen Sie sich aber wohl in Ihrer Haut. Wenn Sie das Bild eines anderen Menschen akzeptieren, erlauben sie ihm, Macht über Sie auszuüben. Damit geben Sie Ihre Eigenverantwortlichkeit und Ihre Entscheidungsfreiheit auf.

Was Sie jetzt gleich tun können

Sehen Sie sich die Übung am Ende von Kapitel 1 an, in der es darum geht, ein ideales Selbstbild zu schaffen. Führen Sie diese Übung aus, und orientieren Sie sich daran, wie Sie selbst aussehen und sich fühlen möchten. Achten Sie darauf, ob Ihre Beschreibungen von Ihnen selbst oder aus dem Mund anderer stammen.

»Sei du selbst!« klingt einfach, aber in Wirklichkeit ist es ein kontinuierlicher Lern- und Entwicklungsprozeß, der ein Leben lang andauert. Geduld mit sich selbst zu haben hilft Ihnen, in der richtigen Spur zu bleiben.

Denken Sie daran, es gibt so viele Möglichkeiten, Probleme zu lösen oder Widerstände zu überwinden, wie es Menschen gibt. Die leichteste und einfachste Methode, Hürden auf dem Weg zum Erfolg zu überwinden, besteht darin, sich ständig auf sein Schlüsselbild zu konzentrieren.

Vertrauen Sie darauf, daß Sie auf die Hilfsmittel und die Unterstützung stoßen werden, die Sie brauchen, um Ihr individuelles Gesundheitsproblem zu lösen. Sie können diesen Prozeß beschleunigen, indem Sie Ihre Aufmerksamkeit auf die wahren Wünsche und Bedürfnisse Ihres Körpers richten (es sei denn, Sie machen bereits unter ärztlicher Aufsicht eine spezielle Diät). Hören Sie auf Ihr inneres Selbst, denn es lenkt Ihre Handlungen und läßt Sie in einer Unterhaltung aufhorchen, wenn von einem bestimmten Ernährungsberater, Allergiefachmann, Fitneßprogramm oder Meditationsplan die Rede ist. Es gibt fast ebenso viele Gründe, sein Gewicht zu behalten, wie es Menschen gibt, daher ist es nötig, daß Sie für Hinweise auf Ihre persönliche Problemlösung empfänglich sind.

Träume können Hindernisse beseitigen

Wenn Sie sich nicht sicher sind, ob Sie wirklich einen unterbewußten Grund dafür haben, Ihr Gewicht zu behalten, können Sie folgende Methode anwenden:

Schreiben Sie kurz vor dem Einschlafen eine Nachricht an Ihr höheres Selbst oder an Gott. Bitten Sie um einen Traum, der Ihnen deutlich zeigt, welches Hindernis Sie davon abhalten könnte, schlank zu werden. Am nächsten Morgen schreiben Sie unter diese Nachricht:»Ich erinnere mich, daß ich geträumt habe...« und notieren dann das Wort oder die Wörter, die Ihnen einfallen, selbst wenn sie scheinbar keine Bedeutung haben. Stellen Sie sich eine Perlenkette vor. Das erste Wort – die erste Perle – zieht alle anderen nach sich. Machen Sie das immer wieder, so lange, bis Sie zu einem Ergebnis kommen.

Dann schreiben Sie unter die Traumworte:»Ich kenne die Bedeutung dieses Traums. Er bedeutet...« Nun schreiben Sie auf, was Ihnen einfällt, ganz gleich, wie albern es klingt.

Einmal habe ich geträumt, ich könnte nicht nach Hause fahren, weil alle Straßen wegen Bauarbeiten gesperrt waren. Dann gab mir einer der Arbeiter an einer Baustelle den Rat, eine andere Strecke zu fahren. Die Straße, die er mir zeigte, war zu anderen Zeiten gesperrt.

Der Traum sagte mir, daß ich flexibel sein und nach anderen Wegen suchen mußte, vielleicht sogar nach Pfaden, die früher nicht begehbar waren, die mir jetzt aber offenstanden. Ich ließ mich auf neue Ideen beim Essen und bei meinen sportlichen Aktivitäten ein, auf die ich in dieser Woche stieß – und sie wirkten Wunder!

Vorbeugen ist besser als Heilen

Wenn Sie sich vor Eigensabotage schützen wollen, probieren Sie es mit einer oder mehreren der folgenden Methoden. So bleiben Sie während der heiklen ersten Tage, Wochen oder Monate des Schlankwerdens mit Gedankenkraft auf dem richtigen Weg.

Methode 1: Richten Sie Ihre Aufmerksamkeit nach außen, indem Sie etwas für andere tun

Die meisten Menschen stellen fest, daß sie nicht so viel über sich selbst nachgrübeln, wenn Sie von Aktivitäten in Anspruch genommen werden, bei denen Sie sich wohl fühlen. Sie konzentrieren sich stärker auf das Projekt, an dem sie gerade arbeiten, als auf ihre persönlichen Probleme. Wenn man jemals in einem Krankenhaus oder bei der Telefonseelsorge gearbeitet hat, weiß man zu schätzen, wie gut das Leben es mit einem selbst meint.

Versuchen Sie, etwas für Ihre Familie, für Behinderte oder Senioren, Ihre Kirche, religiöse Organisationen oder Umweltgruppen zu tun. Alles, was Spaß macht, kommt in Frage, solange es nichts mit Essen oder Diäthalten zu tun hat!

Methode 2: Weniger fernsehen

Fernsehen verursacht häufig Gewichtszunahme durch negative Konditionierung. Es führt dazu, daß man sich auf negative Bilder konzentriert, oder gibt einem das Gefühl, daß man so, wie man ist, nie gut genug sein wird. Das Fernsehen vermittelt uns den Eindruck, daß wir auf allen Gebieten unzulänglich sind.

Gleichzeitig werden wir mit Werbespots bombardiert, die uns verführen, immer mehr Ungesundes zu essen. Untersuchungen haben bestätigt, daß Teenager, die viel vor dem Fernseher sitzen, mehr wiegen. Sie sind weniger aktiv und neigen stärker dazu, sich bei der Ernährung gehenzulassen. Das trifft auch für Erwachsene zu.

Methode 3: Kreativ zu sein, macht Spaß

Wenn Sie in irgendeiner Weise künstlerisch oder kreativ tätig sind, hat der Verstand ebenfalls etwas anderes zu tun, als an Ihrem Aussehen herumzumäkeln. Sie konzentrieren sich darauf, in Ihrer äußeren Umgebung Schönheit zu schaffen, und das führt unweigerlich dazu, daß Sie sich auch innerlich schöner fühlen.

Wenn Sie noch kein Hobby haben, besorgen Sie sich das Programm Ihrer Volkshochschule. Dort werden immer entsprechende Kurse angeboten, zum Beispiel Töpfern, Zeichnen, Fotografieren, Volkstanz (Vergnügen und Fitneß zugleich!), Musik oder Kunstbetrachtung. Überlegen Sie, was Sie schon immer einmal ausprobieren wollten, und beweisen Sie sich, daß es Vergnügen bereitet! Fast jede Fertigkeit läßt sich mit Geduld und Übung erlernen.

Methode 4: Sich so kleiden, daß man sich schlank fühlt

Tragen Sie weite, bequeme Kleidung. Ziehen Sie sich so an, daß Sie sich attraktiv und schlank fühlen.

Wenn Sie gelegentlich deprimiert oder verwirrt oder nicht davon überzeugt sind, diesen Prozeß vorantreiben zu können, wenden Sie sich an das, woran Sie glauben – an Gott oder eine höhere Macht –, und bitten Sie um Hilfe. Glauben Sie daran, daß sie eintrifft. Es gibt eine Unmenge von Methoden, diese Probleme zu lösen, aber es liegt an Ihnen herauszufinden, welche die beste für Sie ist. Die Mittel werden sich finden, wenn Sie Ihre Vision und das Gefühl, das Ziel bereits erreicht zu haben, aufrechterhalten.

Kapitel 8

Wie man eine Selbsthilfegruppe gründet

**»Ohne Unterbrechung einem Ziel zu folgen:
darin liegt das Geheimnis des Erfolgs.«**

ANNA PAWLOWA

Gruppen wie die Weight Watchers haben so viele Mitglieder, weil sie ein leistungsfähiges System der Unterstützung anbieten, das einem nicht zur Verfügung steht, wenn man still für sich Diätkuren macht. Hier zwei Kommentare über Selbsthilfegruppen zum Schlankwerden mit Gedankenkraft: »Sie hat mir geholfen, meine Gedanken und meine Aufmerksamkeit auf das Ziel gerichtet zu halten« und »Wir haben über Themen gesprochen, die mit dem Gewicht zusammenhängen. Das war sehr hilfreich!«

Dieses Kapitel zeigt Ihnen, wann und wie Sie eine Selbsthilfegruppe aufbauen können, mit Menschen, die genauso empfinden wie Sie und Ihnen helfen können, Ihr Ziel zu verwirklichen.

Diätprogramme, bei denen Unterstützung angeboten wird, sind erfolgreicher

Viele Frauen trauen sich nicht zu, ohne Hilfe oder allein abzunehmen. Es überrascht mich nicht, daß übergewichtige Menschen inzwischen häufiger das Gefühl haben, Hilfe zu brauchen, weil sie allem Anschein nach jeder Diät nur noch mehr zunehmen.

Am erfolgreichsten sind heute Diätprogramme, bei denen die

Teilnehmer sowohl emotionale als auch ernährungswissenschaftliche Unterstützung erhalten. Die Rolle, die das Selbstbild beim Abnehmen spielt, wird mittlerweile mehr und mehr anerkannt. Ich bin überzeugt, daß man den größten Erfolg erzielt, wenn man lernt, sein Selbstbild zu verändern. Und darum geht es in einer Selbsthilfegruppe zum Schlankwerden mit Gedankenkraft.

Ich kannte einmal eine Frau, die Krebs hatte und sich einer Selbsthilfegruppe anschloß. Sie hatte die Hoffnung aufgegeben, obwohl ihr Ehemann versuchte, sie zu ermutigen und ihr Kraft zu geben. Die Erfolge anderer Gruppenmitglieder zeigten ihr, wie sie die nächste Sprosse auf der Leiter zur Gesundheit erreichen konnte. In der Gruppe tauschte man wichtige Einstellungen und Gedanken, die bei der Überwindung der Krankheit geholfen hatten, untereinander aus. Als die krebskranke Frau andere Menschen kennenlernte, die ihre Krankheit besiegt hatten, begann auch sie, ihre Genesung zu visualisieren. Sie schaffte es. Selbsthilfegruppen können wie eine wirksame Medizin für Körper, Geist und Seele sein.

Die folgenden Signale weisen darauf hin, daß eine Selbsthilfegruppe zu diesem Zeitpunkt für Sie von Nutzen sein kann.

Signal 1: Sie fühlen sich mit dieser neuen Denkweise allein

Vielleicht gibt es in Ihrem unmittelbaren Freundeskreis oder in Ihrer Familie niemanden, der Sie und Ihren Prozeß des Schlankwerdens durch Gedankenkraft unterstützt oder auch nur davon überzeugt ist, daß er funktioniert. Vielleicht ist es Ihnen auch lieber, zum jetzigen Zeitpunkt nicht mit Ihrer Familie und Ihren Freunden darüber zu reden. Sie selbst sind von der Methode zwar überzeugt, sich aber nicht sicher, daß die anderen Sie darin unterstützen.

Signal 2: Sie glauben nicht so ganz, daß es auch bei Ihnen funktioniert

Sie möchten zwar gern glauben, daß man sich schlank denken kann, und auch erfolgreich mit der Methode arbeiten, aber Sie sind noch nicht ganz überzeugt. Sie wollen erst einmal sehen, daß andere damit Erfolg haben. Vielleicht möchten Sie auch nur von anderen hören, daß sie Schlankwerden mit Gedankenkraft für eine echte Lösung halten.

Signal 3: Sie möchten den Prozeß beschleunigen

Ihnen ist bewußt, daß in der Gemeinsamkeit die Stärke liegt. Sie wissen, daß Sie den Prozeß beschleunigen können, wenn Sie sich Woche für Woche mit einer Gruppe treffen, die Ihnen hilft, Ihre Aufmerksamkeit auf das Ziel gerichtet zu halten.

Signal 4: Sie wünschen sich die Unterstützung von anderen, die im gleichen Boot sitzen

Das ist ganz einfach menschlich. Wir alle fühlen uns besser, wenn wir wissen, daß jemand anders das gleiche Problem hat. Auf dieser Grundlage können wir uns gegenseitig mit Mitgefühl und Verständnis unterstützen, um die beste Lösung zu finden.

Signal 5: Sie möchten sich durch den Erfolg anderer anspornen lassen

Wenn Sie sehen, daß andere mit dieser Methode Erfolg haben, kann das Ihre Entschlossenheit stärken. Sie fühlen sich motiviert, genauso erfolgreich zu sein.

Signal 6: Sie möchten etwas für andere tun, indem Sie ihnen helfen, erfolgreich zu sein

Dieses letzte Signal bedeutet, daß Sie selbst bereits auf dem besten Weg zum Erfolg sind, denn der Kreis schließt sich, indem Sie etwas für andere tun. Es ist ein universelles Prinzip, daß alles, was man tut, zu einem zurückkehrt. Wenn Sie also anderen helfen, das zu werden, was sie sein möchten, macht Sie das zu dem Menschen, der Sie sein möchten.

Eine Selbsthilfegruppe aufzubauen, ist einfach

Ich möchte Ihnen die Gründung einer Selbsthilfegruppe so leicht wie möglich machen. Hier sind einige Ratschläge für den Anfang, und dann können Sie nach Herzenslust Ihre eigenen Ideen verwirklichen.

Die Einstellung ist die wichtigste Voraussetzung für jedes Unternehmen

Die beste Einstellung zur Gründung einer Selbsthilfegruppe ist, wie unter Signal 6 erläutert, der Wunsch, sowohl anderen als auch sich selbst zu helfen.

Ich weiß, je mehr ich mich selbst in dieses Projekt einbringe und anderen helfe, selbst über ihr Leben zu bestimmen, desto besser habe auch ich mein Leben, meine Gesundheit und mein Wohlbefinden im Griff.

Setzen Sie sich Ziele für Ihre zukünftige Gruppe

Erinnern Sie sich noch, wie wir am Anfang des Buches davon sprachen, daß man Ziele schriftlich fixieren muß? Das ist eine gute Hilfe, um die erwünschten Ergebnisse zu erzielen. Überlegen Sie sich, wie Ihre Gruppe aussehen soll. Welche Teilnehmerzahl wäre ideal? Wo würden Sie sich gern mit den anderen treffen? An welchem Tag und zu welcher Uhrzeit? Welche Atmosphäre würden Sie gern schaffen (einladend, herzlich, pädagogisch)? Für wie viele Wochen sollten sich die Teilnehmer Ihrer Ansicht nach verpflichten, sich zu treffen? Setzen Sie ein zeitliches Limit, damit niemand das Gefühl hat, es wäre für immer und ewig. Ich schlage acht Wochen vor. Danach können Sie mit der Gruppe erneut darüber sprechen und die Zeit verlängern, wenn dies gewünscht wird. Bedenken Sie: zwei Teilnehmer reichen. Schreiben Sie hier Ihre Vorstellungen auf:

Teilnehmerzahl: _____

Zeit: _____

Ort: _____

Atmosphäre: _____

Anzahl der Wochen: _____

Wählen Sie als erstes den Ort

Finden Sie den Ort Ihres Treffens, indem Sie visualisieren, in welcher Umgebung Sie am liebsten mit der Gruppe zusammen wären. Das kann die Wohnung einer Teilnehmerin sein oder ein Raum in einer kirchlichen Institution oder im Gemeindezentrum, für dessen Benutzung Sie eine geringe Gebühr bezahlen.

Führen Sie ein paar Telefongespräche, um herauszufinden, was angeboten wird. Wenn Sie sich in einer Privatwohnung treffen möchten, findet sich vielleicht eine Teilnehmerin, die Ihre Wohnung zur Verfügung stellt. Sie können sich auch reihum bei den verschiedenen Teilnehmern zu Hause treffen. Manche Gruppen, in denen die Mitglieder Arbeitskollegen sind, verabreden sich nach der Arbeit in einem Restaurant, um über das Schlankwerden durch Gedankenkraft zu sprechen und sich ohne schlechtes Gewissen ein Essen zu gönnen.

Sprechen Sie mit Freundinnen, die für die Idee aufgeschlossen sind

Wenn Sie erst einmal eine Vorstellung haben, wo und wann Sie sich treffen wollen, klingt es viel »professioneller« und ernsthafter, wenn Sie mit Freunden über die Gründung einer Selbsthilfegruppe sprechen.

Wahrscheinlich wissen Sie, wer in Ihrem Freundes- oder Kollegenkreis für die Ideen in *Schlank mit der Kraft der Gedanken durch mentales Training* aufgeschlossen ist. Bitten Sie die Betreffenden, dieses Buch zu lesen und Ihnen zu sagen, was sie davon halten. Sie können es in jeder Buchhandlung bestellen. Geben Sie auf keinen Fall Ihr eigenes Exemplar aus der Hand, denn im Moment ist es Ihre einzige Stütze.

Organisieren Sie ein erstes Treffen, bei dem Einzelheiten besprochen werden

Treffen Sie sich vor Beginn der eigentlichen Gruppensitzungen mindestens einmal mit den Mitgliedern. Besprechen Sie folgende Fragen:

1. Sind die anderen mit dem von Ihnen gewählten Zeitpunkt und Ort einverstanden? Wie oft möchten die anderen sich treffen? (Ich empfehle mindestens einmal in der Woche, so erzielen Sie die besten Ergebnisse.) Legen Sie die Anzahl der Wochen fest (acht ist eine gute Zahl), und bitten Sie die zukünftigen Teilnehmer, sich für diese Zeit auch zu verpflichten, die Methode auszuprobieren.
2. Wer soll die erste Sitzung leiten (falls Sie es nicht selbst tun)? Sie können einen Gruppenleiter ernennen, oder die Teilnehmer übernehmen abwechselnd die Leitung. Bitte beachten Sie meinen Vorschlag für Gruppentreffen am Ende dieses Kapitels. Diesem einfachen Programm kann jeder folgen.
3. Wie lange sollten die Sitzungen dauern? (Legen Sie dafür eine Zeitdauer fest, sonst nehmen sie kein Ende!) Ich würde

eine Stunde vorschlagen, aber insgesamt sollten sie nicht länger als anderthalb Stunden dauern.

4. Wieviel möchten die Teilnehmer für das, was die Gruppe ihnen bietet, spenden? Dabei ist nicht die Summe wichtig, sondern das Prinzip, denn man schätzt eine Hilfeleistung mehr, wenn sie etwas kostet. Ich würde zwischen drei und acht Mark pro Person und Sitzung vorschlagen. Von dem Geld können Sie einen Raum mieten, Kopien anfertigen oder Material wie Videos, Kassetten und Bücher über positives Denken und Visualisierung anschaffen oder ausleihen. Ich empfehle Ihnen, einen Kassenwart zu benennen. Geben Sie allen, die sich an den organisatorischen Aufgaben beteiligen möchten, etwas zu tun, damit stärken Sie den Zusammenhalt. Bitten Sie die Teilnehmerinnen, jeweils für einen Monat im voraus zu bezahlen, damit sie sich wirklich verpflichtet fühlen zu kommen.

5. Welche Ziele hat die Gruppe? Zum Beispiel: Sie soll die Mitglieder darin unterstützen, mit Gedankenkraft schlank zu werden, zu lernen, wie man sich selbst mehr liebt, wie man gesünder lebt, innere Stärke entwickelt, ein besseres Selbstbild erlangt oder anderen hilft, mit sich selbst zufrieden zu sein oder ihre Lebensqualität zu verbessern. Aber es gibt noch eine Menge anderer Ziele, die Sie in Ihr Programm aufnehmen können.

Auch zwei Personen sind eine Gruppe

Es ist völlig in Ordnung und durchaus sinnvoll, wenn sich nur zwei Menschen treffen, um sich im Prozeß des Schlankwerdens mit Gedankenkraft zu unterstützen. Zwei sind stärker als einer. Ein Gespann mit zwei Pferden kann eine schwerere Last ziehen.

Wenn Sie zu beschäftigt, nicht mobil oder aus einem anderen Grund nicht in der Lage sind, sich mit anderen zu treffen, versuchen Sie es per Telefon. Verabreden Sie, daß Sie einmal in der Woche oder öfter mit Gleichgesinnten telefonieren, um über Ihre Fortschritte zu sprechen. Sie können das Programm am Ende dieses Kapitels auch dazu verwenden, die Telefongespräche zu strukturieren.

Nicht für jeden ist eine Selbsthilfegruppe das Optimale

Ich habe den Prozeß ganz allein bewältigt, denn damals hatte noch niemand etwas vom Schlankwerden durch Gedankenkraft gehört. Ich hatte Angst, daß meine Freunde mich für verrückt halten würden, wenn ich die Sache auch nur erwähnte. Inzwischen ist man in dieser Beziehung viel aufgeschlossener. Trotzdem war auch ich – mit viel Geduld, Beharrlichkeit und Selbstdisziplin – erfolgreich.

Allerdings glaube ich schon, daß der Prozeß schneller vorangekommen wäre, wenn ich Unterstützung gehabt hätte. Aber wenn Sie sich mit dem Gedanken an eine Gruppe nicht anfreunden können, scheuen Sie sich nicht, den Weg allein zu gehen.

Selbsthilfegruppen sorgen dafür, daß man sich auf das Ziel konzentriert

Doris verlieh ihr Exemplar von *Schlank mit der Kraft der Gedanken durch mentales Training* für ein paar Wochen an eine Freundin und stellte fest, daß der Erfolg nachließ, weil sie ihren Kontakt zu den Gedanken verloren hatte. Joanne fuhr in die Ferien und verlor ihr Ziel aus den Augen, so daß sie in alte Muster zurückverfiel. Als Doris und Joanne sich Selbsthilfegruppen anschlossen, waren beide begeistert, wie schön es war, beim Schlankwerden mit Gedankenkraft Unterstützung zu haben. Gedanken sind wirkungsvoll, aber meist kurzlebig. Sie kommen und gehen sehr rasch und lassen uns mit den alten Selbstbildern und eingefahrenen Gewohnheiten zurück.

Selbsthilfegruppen sorgen dafür, daß man seine Aufmerksamkeit fortwährend auf das Schlankwerden mit Gedankenkraft richtet, weil man entweder über Treffen, die ein paar Tage zurückliegen, nachdenkt oder sich auf die nächste Zusammenkunft freut. Wenn Sie wissen, daß die Gruppe sich jede Woche trifft, machen Sie sich Ihr Schlüsselbild öfter bewußt.

Doris fand es sehr inspirierend, mit ihren Freundinnen Beispiele auszutauschen, wie das Unterbewußtsein sie beim Abnehmen unterstützte. Joanne stellte fest, daß die Gruppe ihr half, sich selbst zu mögen. Alle Mitglieder der Gruppe vereinbarten, sich gegenseitig positiv und schlank zu sehen. Cindy meinte, der größte Nutzen ihrer Gruppe läge für sie darin, daß dort nach den Ursachen des Übergewichts gesucht würde. Die Gruppe sprach über physische, emotionale, mentale und soziale Gründe. Cindy entdeckte dadurch die Ursache für ihr eigenes Übergewicht und war in der Lage, sie bewußt anzugehen.

Eine Selbsthilfegruppe zu leiten, ist einfach, wenn man die richtigen Hilfsmittel hat

Beachten Sie die nachfolgenden Richtlinien, wenn Sie mit einer Gruppe beginnen. Später kann die Struktur dann den speziellen Bedürfnissen und Interessen der Mitglieder angepaßt werden. Im ersten Monat sollten Sie jedoch bei den hier genannten Themen bleiben, um die Dynamik des Schlankwerdens mit Gedankenkraft zu erhalten. Vielleicht haben Sie bereits Erfahrung in der Leitung von Selbsthilfegruppen, so daß Sie auch eigene Ideen einbringen können.

Führen Sie bei jedem Treffen eine der Übungen in diesem Buch aus, bis Sie sie alle durch haben; dann beginnen Sie von vorn. Wiederholung ist ein wesentliches Lernelement. Außerdem können Sie die Gruppenmitglieder anregen, sich kreative Übungen und Techniken für das Unterbewußtsein auszudenken. Jedes Mitglied kann etwas beitragen. Das ist auch der Grund, warum Gruppentreffen so nützlich sind.

Hilfsmittel 1: Sorgen Sie immer für einen positiven, fröhlichen Beginn

Um eine offene Gruppendiskussion zu fördern, muß man eine Vertrauensbasis schaffen. Dieses Vertrauen entsteht, wenn die Mitglieder sich wohl fühlen, wenn sie offen sind. Beginnen Sie, indem Sie alle berichten lassen, welche Erfolge sie bereits erzielt haben. Dann fällt es nicht so schwer, über Dinge zu sprechen, die vielleicht nicht so recht klappen.

Vergewissern Sie sich, daß die Gruppe versteht, daß am Anfang einer Sitzung etwas Positives stehen sollte. Vertrauen Sie darauf, daß die Teilnehmerinnen kommen, weil sie kluge, aufgeschlossene Menschen sind; denn sonst hätten sie kein Interesse an einer Gruppe!

Die beste Methode, in guter Stimmung zu beginnen, besteht darin, alle Teilnehmer zu bitten, ein Erfolgserlebnis aus der letzten Woche zu schildern. Dabei muß es keineswegs um Abnehmen oder Essen gehen! Es kann eine neue Aufgabe im Beruf sein, ein Urlaub oder eine zwischenmenschliche Begegnung. Das Thema Essen sollte völlig vermieden werden. Alle Teilnehmer werden eine starke, aber unterschiedlich geartete Beziehung zum Essen haben, und Vergleiche innerhalb der Gruppe sind nicht nötig. Beim Schlankwerden mit der Kraft der Gedanken geht es um Einstellungen und Bilder, nicht um bestimmte Handlungen – und keinesfalls um Essen!

Beginnen Sie die Sitzung also mit der Frage:»Wo habt ihr letzte Woche ein Erfolgserlebnis gehabt, auch wenn es nur ein kleines war? War es bei der Arbeit, zu Hause, beim mentalen Schlankheitstraining oder in der Freizeit? Was hat zum Erfolg geführt?«

Nach jedem einzelnen Erfolgsbericht kann die Gruppe sich ein wenig Zeit nehmen, um darüber nachzudenken, wie und warum es zu Erfolgen kommt. Die Gruppenmitglieder können die betreffende Teilnehmerin fragen, wie sie vor und nach dem Erfolg dachte und wie sie sich fühlte.

Hilfsmittel 2: Ängste und Besorgnis zu äußern, ist wesentlich

Raum zu geben, damit die Gruppenmitglieder ihre innersten Gedanken und Gefühle zu ihrem Gewicht, ihren Eßgewohnheiten und dem, was andere ihrer Ansicht nach von ihnen halten, ausdrücken können, ist notwendig, um alte, schmerzhafte Bilder auszumerzen. Einander wirklich zuzuhören, ist die beste

Heilmethode. Zuhören gestattet den Sprechenden, selbst Antworten zu finden. Auf diese Weise erzielen wir alle anhaltende Lernerfolge. Wenn eine Teilnehmerin mit einem Problem nicht weiterkommt, sollten Sie die anderen ermutigen zuzuhören und zu berichten, wie sie selbst damit umgehen würden. Eine der Grundregeln beim Gruppentreffen ist, daß jeder um Hilfe und Rat, aber auch nur um teilnahmsvolles Zuhören bitten kann. Nicht alle werden Hilfe brauchen; manche wollen vielleicht nur von ihren Kämpfen berichten, ohne ausführlich darüber zu diskutieren. Ermutigen Sie die Mitglieder, klar und deutlich zu sagen, was sie zum jeweiligen Zeitpunkt von der Gruppe erwarten. Damit erzielen sie die größten Lernerfolge und die schnellsten Ergebnisse.

Hilfsmittel 3: Fragen Sie, wie einschränkende Gedanken und Bilder überwunden wurden

Finden Sie auf jeden Fall heraus, wie traurige Erfahrungen oder negative Gedanken bewältigt wurden. Das führt Sie wieder zum Positiven zurück, so daß alle davon überzeugt sein können, daß es immer einen Ausweg gibt. Fragen Sie Teilnehmer mit ungelösten Problemen:»Wie würdest du in einem anderen Lebensbereich mit dieser Situation umgehen?« Wenn die Betroffene nicht weiter weiß, fragen Sie:»Hättest du etwas dagegen, wenn jemand anders Vorschläge macht?« Dann fragen Sie die Gruppe, ob jemand eine Idee hat, wie man das Problem lösen könnte.

Hilfsmittel 4: Stellen Sie ein Erfolgsprinzip von Schlank mit Gedankenkraft heraus

Wählen Sie für jedes Treffen ein bestimmtes Prinzip oder ein Kapitel, über das Sie diskutieren. Finden Sie zusammen heraus, in welcher Weise Sie dieses spezifische Prinzip bereits in anderen Lebensbereichen erfolgreich angewandt haben.

Ein wichtiges Prinzip ist zum Beispiel, sich zu entspannen, bevor man versucht, die Imagination einzusetzen.

Fragen Sie die Gruppe:»Hat Entspannung euch schon einmal geholfen, ein Ziel zu erreichen? Welche Rolle spielt sie, wenn man etwas klären will?« Geben Sie dann als Hausaufgabe eine Übung auf, in der dieses Prinzip zur Anwendung kommt. Es kann die Übung in Kapitel 5 sein oder eine, die Sie oder andere Teilnehmer sich ausdenken. Fordern Sie die Gruppe auf, die Übung in der kommenden Woche täglich einmal auszuführen.

Hilfsmittel 5: Schreiben kann heilsam und aufschlußreich sein

Bitten Sie alle Gruppenmitglieder, zu jedem Treffen dieses Buch, *Schlank mit der Kraft der Gedanken durch mentales Training*, und ihr Tagebuch mitzubringen. Wenn Sie wollen, können Sie auch von dem Geld, das in den Sitzungen hereinkommt, spezielle Gruppentagebücher anschaffen. Wenn ein Gruppenmitglied spricht, sollen die anderen die Möglichkeit haben, Antworten oder Erkenntnisse in ihr Buch oder Tagebuch zu schreiben. Manche werden sich scheuen, vor anderen ihre Einsichten darzulegen, so daß ein Tagebucheintrag ihnen die Gelegenheit gibt, sich nonverbal auszudrücken. Je mehr die Gruppenmitglieder schreiben, desto tiefer wird ihr Verständnis für ihre Situation werden.

Das Tagebuch dient den Teilnehmerinnen dazu, ihren Fortschritt und ihre Erkenntnisse während der Phase festzuhalten, in der sie darum kämpfen, dem Netz alter Gedankenmuster zu entkommen. Bitten Sie die Gruppe, täglich darauf zurückzugreifen.

Hilfsmittel 6: Bitten Sie alle Mitglieder, dieses Kapitel vor Beginn der Sitzungen zu lesen

Wenn alle Mitglieder dieses Kapitel lesen, haben sie eine gemeinsame Ausgangsbasis und können ihre besten Ideen für eine dynamische, aufbauende Gruppe einbringen.

Hilfsmittel 7: Sie können das folgende Schema verwenden, um eine erfolgreiche Selbsthilfegruppe zu leiten

1. Bitten Sie alle Mitglieder, von positiven Erlebnissen zu berichten, die sie in der vergangenen Woche (oder seit dem letzten Treffen) hatten. Bitten Sie sie, ihre Erlebnisse sofort in ihre Tagebücher zu schreiben.

   Fordern Sie die Mitglieder auf, sich an Situationen zu erinnern, in denen sie aufgrund einer Veränderung ihrer Gedanken und Bilder erfolgreich waren. Heben Sie Gedanken und Bilder oder Erfolg in allen Bereichen hervor, die nicht in Verbindung mit dem Essen oder dem Gewicht stehen. Gesund zu essen und die Figur zu haben, die man sich vorstellt, sind das Ergebnis des eigenen Selbstbildes. Gespräche über die Ernährung, etwa was man diese Woche gegessen oder nicht gegessen hat, sollten verboten werden, es sei denn, es geht darum, wie neue Gedanken und Bilder zu neuen Wünschen und Gewohnheiten führten.

2. Bitten Sie alle Teilnehmerinnen, ihre derzeitigen Ängste, Sorgen oder Probleme aufzuschreiben, die in Zusammenhang mit ihrer gewünschten oder imaginierten neuen Figur stehen.

   Fragen Sie nach Ideen, wie man diese Probleme bewältigen kann. Wenn ein Mitglied nicht weiterkommt, fragen Sie, ob die Gruppe zu einem Brainstorming bereit ist, um das Problem gemeinsam anzugehen. Oder bitten Sie die betreffende Person, darüber nachzudenken, wie sie dieses Problem in einem anderen Kontext, zum Beispiel im Beruf, in ihrer Partnerbeziehung oder zu Hause, angehen würde.

3. Stellen Sie ein neues Prinzip oder das Kapitel, das Hausaufgabe für die Woche war, in der Gruppe zur Diskussion. Bitten Sie die Teilnehmerinnen aufzuschreiben, wie sie damit bereits in einem anderen Lebensbereich Erfolg hatten.

   Anschließend fordern Sie die Gruppenteilnehmerinnen auf, darüber zu sprechen, wie sie dieses Prinzip beim Schlankwerden mit Gedankenkraft anwenden wollen.

4. Geben Sie eine kreative Übung auf, in der dieses Prinzip an-

gewendet wird. Führen Sie diese Übung sofort zusammen
aus. Stellen Sie fest, ob es Fragen dazu gibt, und lassen Sie
gegebenenfalls die Gruppe darauf antworten.
5. Geben Sie Hausaufgaben. Weisen Sie die Gruppe an, die
oben genannte Übung einmal am Tag auszuführen. Bitten
Sie die Teilnehmerinnen, ihre Ergebnisse zu notieren, damit
sie beim nächsten Treffen darüber sprechen können.
Eine Selbsthilfegruppe zum Schlankwerden mit Gedankenkraft kann ein sehr vergnügliches Lernerlebnis sein. Viele
Mitglieder schließen dauerhafte Freundschaften und finden
zu allen Lebensbereichen neuen Zugang. Ich habe erlebt, wie
Gruppenmitglieder ungeliebte Berufe aufgaben oder Beziehungen beendeten, wie sie ihr Leben selbst in die Hand nah-
men und zuversichtlicher wurden. Eine Selbsthilfegruppe
kann Menschen, die bereit sind, neue Wege in ihrem Leben
zu gehen, einen unschätzbaren Dienst erweisen. Eine solche
Selbsthilfegruppe zu leiten, wird die Ergebnisse Ihrer eigenen Bemühungen verzehnfachen.

Kapitel 9

Das neue Ich erhalten

»Miß deinen Reichtum nicht an den Dingen, die du besitzt, sondern an denen, für die du kein Geld nehmen würdest.«

ANONYM

Muß man einen Garten nach der ersten Ernte noch gießen? Bringt er nicht von ganz allein weitere Erträge? Natürlich nicht! Ein Garten braucht ständige Aufmerksamkeit und Pflege, wenn er schön bleiben soll. Sie müssen Unkraut jäten, Büsche beschneiden und Pflanzen düngen und gießen. Die unablässige Pflege Ihres Wunschbildes ist eine Grundvoraussetzung zur Erhaltung Ihres neuen, schlanken Ich. Alles, was man achtundzwanzig Tage lang tut, wird zur zweiten Natur. Wenn Sie sich einen Monat lang zwingen, Ihre Gedanken und Bilder in bezug auf Ihren Körper sorgfältig zu beobachten, werden Sie feststellen, daß es danach sehr viel besser gelingt.

Alles im Leben bewegt sich rückwärts oder vorwärts

Es gibt nur zwei Richtungen für die Entwicklung physischer, emotionaler, mentaler und spiritueller Gesundheit: rückwärts und vorwärts. Dazwischen gibt es nichts! Um sich weiter vorwärts zu entwickeln und immer gesünder und dem eigenen Wunschbild immer ähnlicher zu werden, ist es wichtig, daß man sich ständig in der Kunst des Schlankwerdens mit Gedankenkraft übt. Ich habe die Übungen jeden Tag zur gleichen Zeit ausgeführt, bis sie so sehr Teil von mir wurden, daß ich gar nicht mehr darüber nachdenken mußte.

Jetzt denke ich wie eine schlanke Frau – denn ich bin eine schlanke Frau – denn ich denke wie eine schlanke Frau! Ich bin an dem Punkt angelangt, wo ich nicht mehr weiß, was zuerst war, die Henne oder das Ei. Ich lebe einfach in der Annahme, daß ich eine schlanke Frau bin, die essen kann, was immer sie will und wann immer sie will, also tue ich das.

Dankbarkeit – Schlüssel zur Erhaltung der Figur

Ist das Glas halb leer oder halb voll? Sind Sie dankbar für Ihren Gewichtsverlust, oder vergleichen Sie sich immer noch mit irgendwelchen Filmstars? Dankbarkeit für Ihr Aussehen und Ihr Befinden wird sowohl Ihre innere als auch Ihre äußere Verfassung verbessern.

Erinnern Sie sich an das Prinzip der Selbstakzeptanz: daß Sie mit sich zufrieden sein müssen, bevor Sie schlank werden können? Immer wieder habe ich beobachtet, daß Menschen, die sich so mögen, wie sie sind, problemlos abnehmen.

Wenn ich mich bei dem Gedanken ertappe, ich würde zunehmen, ersetze ich ihn sofort durch andere, zum Beispiel: »Ich fühle mich so schlank!« oder »Ich bin so dankbar dafür, daß ich heute vierzig Pfund weniger wiege als vor zwölf Jahren!« Ersetzen Sie: »Ich fühle mich immer noch zu dick« durch: »Ich bin so glücklich, daß ich schlanker geworden bin!«

Ersetzen Sie: »Ich habe immer noch eine birnenförmige Fi-

Was Sie jetzt gleich tun können

Schreiben Sie einen Gedanken auf, mit dem Sie sich selbst eingeschränkt haben. Ersetzen Sie ihn durch einen Satz, der aufbaut und Dankbarkeit ausdrückt.

....
....
....

gur« durch: »Ich bin dankbar dafür, daß ich mich soviel leichter fühle!«

Ersetzen Sie: »Ich wünschte, ich hätte diese Speckpolster nicht« durch: »Sieh mal an, welchen Fortschritt ich gemacht habe!«

Gedanken beeinflussen die Zukunft

Selbst wenn Sie Ihr neues Ich bereits erreicht haben, werden Gedanken über das alte Ich weiter in Ihrem Kopf auftauchen und Sie beeinflussen, wenn sie nicht sofort ausgerottet werden; denn die Imagination ist die herrschende Kraft bei der Verwirklichung Ihrer Wünsche. Niemand kann ihrer Wirkung entgehen. Wählen Sie also bewußt die Gedanken aus, die Ihren Erfolg garantieren.

Befreien Sie sich von Angst, Besorgnis und anderen Emotionen, die Ihr Gewicht betreffen

Angst regt die Phantasie an. Haben Sie sich jemals Sorgen gemacht, daß etwas Schlimmes geschehen könnte, und ist es dann auch tatsächlich passiert? Ich habe in jungen Jahren einfach deshalb zugenommen, weil ich mich vor Übergewicht fürchtete. Die Lösung, die ich gefunden habe, besteht darin, die unbewußte negative Emotion durch eine positive zu ersetzen.

Vermeiden Sie das »Was ist, wenn ich wieder zunehme«-Syndrom durch Gefühle der Dankbarkeit. Angst und Dankbarkeit vertragen sich nicht! Suchen Sie sich aus, welches Gefühl Ihnen lieber ist.

Was Sie tun können

Wenn Sie sich einmal dicker fühlen, ob es nun an Wasseransammlungen im Körper, eingelaufenen Kleidern oder an etwas anderem liegt:

1. Sagen Sie sich: »Das ist bloß vorübergehend.«

2. Tragen Sie weite Kleidung, wenn Sie sich schlecht fühlen. Das wird Ihnen helfen, Ihre Aufmerksamkeit vom Körper abzulenken.
3. Beschäftigen Sie sich nun mit etwas, das Ihnen Spaß macht. Helfen Sie jemandem, gehen Sie ein schwieriges Projekt an, oder beginnen Sie ein neues Hobby – und denken Sie sich weiter schlank.

Setzen Sie sich immer sofort neue Ziele, das fördert die Weiterentwicklung

Meine Schwestern haben immer gesagt, in unserer Familie hätten eben alle dicke Bäuche, und ich müßte einfach den Bauch einziehen. Als mir klar wurde, daß ich meine Vorstellungskraft einsetzen konnte, um schlanker zu werden, versuchte ich es – und es klappte.

Ich staunte nicht schlecht über mich. Das Unterbewußte ist tatsächlich eine erstaunliche Kraft, und unser Körper weiß unendlich viel mehr, als wir ihm zutrauen. Ich habe akzeptiert, daß mein Körper niemals perfekt sein wird – wessen Körper ist das schon? Aber ich kann kleine Veränderungen herbeiführen, die mein Vertrauen in die Fähigkeit, selbst über mein Leben zu bestimmen, stärken.

Imaginieren Sie, sobald die ersten Ergebnisse Ihrer Bemühungen sichtbar werden (warten Sie nicht, bis Sie ganz am Ziel sind), neue Bilder, die Ihre Figur, Ihre Gesundheit, Ihre Kraft und Ihre Energie noch weiter verbessern. Was würden Sie außerdem noch gerne verändern?

Was Sie jetzt tun können

1. Vermerken Sie hier oder in Ihrem Tagebuch einen Aspekt Ihrer Figur oder eine Angewohnheit, die Sie noch immer stört.

....

....

....

2. Sehen Sie sich das Geschriebene an, und halten Sie hier oder in Ihrem Tagebuch fest, was Sie statt dessen haben oder tun möchten.

....

....

....

3. Denken Sie sich ein Schlüsselbild dafür aus. (Zum Beispiel war mein Schlüsselbild für einen flachen Bauch der gute Sitz meines Trikots und meiner Strumpfhosen beim Tanzen.)

....

....

....

4. Denken Sie sich jetzt einen Schlüsselsatz zu Ihrem Schlüsselbild aus. (Zum Beispiel: »Ich habe einen schönen, flachen Bauch.«)

....

....

....

Immer wenn Sie sich für die Klage in Teil eins dieser Übung kritisieren, ersetzen Sie sie durch das Schlüsselbild in Teil drei und den Schlüsselsatz in Teil vier.

Wenn Sie Ihr Körperbild in weiteren Bereichen verbessern, setzen Sie voraus, daß Sie Ihr Ziel bereits erreicht haben

Wenn Sie sich jetzt, gleich nachdem die ersten Ergebnisse des Schlankdenkens sichtbar wurden, neue Ziele setzen, wenden Sie ein sehr wirkungsvolles Prinzip an. Es funktioniert so, als würde man eine Leiter hinaufsteigen. Wie aber kommen Sie auf der Leiter vorwärts, wenn Sie die nächste Sprosse nicht sehen können? In diesem Fall schaffen Sie sich die Sprossen beim Steigen, richten Sie also Ihre Konzentration nach oben, und streben Sie sofort Ihr nächstes Ziel an.

Neue Bilder signalisieren dem Unterbewußtsein, daß Sie Ihr erstes Ziel schon erreicht haben – eine Garantie für den Erfolg.

Akzeptieren Sie Ihr neues Ich?

Wie ist Ihre Körperhaltung? Stehen Sie aufrecht und selbstbewußt da, oder sacken Sie zusammen, als würden Sie immer noch versuchen, etwas zu verbergen? Pamela hat ihr Ziel noch nicht erreicht, trotzdem trägt sie ihre Blusen in den Bund gesteckt und hält sich gerade. Sie denkt und handelt wie eine schlanke Frau, und für mich ist sie nicht übergewichtig. *Sie konzentriert sich bereits darauf, ihr Aussehen zu erhalten.*

Mit der Veränderung des Schlüsselbildes verändern Sie auch Ihr Leben

»Ich kann essen, was ich will und wann ich will.« Das ist schon seit Jahren mein Schlachtruf. Ich esse, was mein Körper braucht, wenn er es braucht. Ich bin schlank, und ich werde schlank bleiben, ganz gleich, was ich tue! Natürlich tue ich, wenn ich so denke, das, was für meinen Körper am besten ist, um dieses Selbstbild zu erhalten.

Was Sie jetzt gleich tun können

Stellen Sie sich vor, daß Sie ab heute Ihr Leben lang essen, worauf Sie Lust haben und wann immer Sie wollen

1. Stellen Sie sich vor, wie Sie Ihr Lieblingsdessert ablehnen, einfach, weil Sie es essen können, wann immer Sie wollen, und weil Sie im Moment keinen Appetit darauf haben. Beschreiben Sie dieses neue Bild hier oder in Ihrem Tagebuch.

....
....
....
....

2. Denken Sie sich einen Schlüsselsatz aus, der Ihren größten Wunsch im Hinblick auf das Schlanksein ausdrückt, ob es nun darum geht, daß Sie essen, was Sie wollen, anziehen, was Sie für gut halten, oder Ihren Lieblingssport oder eine andere Aktivität ausüben. Denken Sie daran, den Satz positiv zu formulieren. Statt:»Ich brauche keine Sackkleider mehr zu tragen« schreiben Sie:»Ich kann figurbetonte, schmeichelhafte Kleidung tragen.« Notieren Sie Ihren Schlüsselsatz hier.

....
....
....
....

Die Vorstellungskraft regiert

Sie selbst haben die Kontrolle über Ihre Vorstellungskraft, und sie kann Ihnen nur dann als Werkzeug dienen, wenn Sie sich über ihre Funktionsweise im klaren sind.

Was Sie jetzt gleich tun können

Verwenden Sie beim Lesen dieses Buches einen Leuchtstift, und markieren Sie die Gedanken und Übungen, die Sie am meisten ansprechen, so daß Sie darauf zurückgreifen können, wenn Sie in bezug auf Ihr Selbstbild an einem Tiefpunkt angelangt sind.

Versuchen Sie, auch andere inspirierende Bücher zu lesen, um auf dem richtigen Weg zu bleiben (siehe Literaturempfehlungen Seite 187).

Kapitel 10

Über das Schlankwerden hinaus

**»Das Denken ist groß und behende und frei, das Licht der Welt
und die höchste Zierde des Menschen.«**

BERTRAND RUSSELL

Was geschieht, wenn Sie bei der Konfektionsgröße und der Figur angelangt sind, die Sie angestrebt haben? Jetzt sind Sie von der Last befreit, die Sie mit sich herumgeschleppt haben, und können Ihre Aufmerksamkeit auf etwas anderes richten. Der Verstand ist wie ein Kind, das immer beschäftigt sein will. Damit er nicht wieder in die alten Muster zurückfällt, muß man ihm ein neues Ziel anbieten, auf das er sich konzentrieren kann.

Sobald ich entdeckt hatte, wie wirkungsvoll ich meine Vorstellungskraft zur Veränderung meines Körperbildes einsetzen konnte, wandte ich mich anderen Lebensbereichen zu, die ich verändern wollte – und auch hier machte ich ungeheure Fortschritte. Ich nahm außerdem an einem Seminar teil, das mich lehrte, wie man sich mit Hilfe der Vorstellungskraft auf den Erfolg konzentrieren und das Nervensystem entspannen kann. Menschen, die mit irgendeiner Unternehmung im Leben Erfolg haben, sind sich der Bedeutung der Imagination bewußt und setzen sie auf allen Gebieten ein.

Vielleicht haben Sie von dem Buch *Erfolg kommt nicht von ungefähr. Durch Psychokybernetik positiv denken und handeln* von Maxwell Maltz gehört. Darin werden viele Beispiele für die Kraft der Imagination beschrieben. Bei einem Experiment wurde Pfeilwerfen geübt. Die Kontrollgruppe übte jeden Tag, ins Ziel zu treffen. Die Mitglieder der Testgruppe führten diese

Übung nur im Geist aus, indem sie visualisierten, daß sie das Ziel trafen. Beide Gruppen schlossen gleich gut ab. Interessant ist, daß diejenigen, die neben der Visualisierung das Werfen auch praktisch übten, beide Gruppen weit übertrafen.

Stellen Sie sich jetzt Ihren nächsten Traum vor

Machen Sie, während Sie weiterhin an Ihr neues Selbstbild denken und es sich vorstellen, einige kleine Experimente in anderen Bereichen Ihres Lebens. Sie können ganz einfach sein, wie zum Beispiel ein Zimmer renovieren, oder so herausfordernd, wie eine Veränderung von Beruf oder Lebensstil. Es spielt keine Rolle, wie Sie beginnen, denn es wird Ihnen einmal mehr beweisen, daß Sie Ihr Leben selbst in der Hand haben.

Jackie entschloß sich, die Prinzipien von Schlank mit Gedankenkraft auf eine neue Beziehung anzuwenden. Zweimal am Tag konzentrierte sie sich darauf. Sie stellte sich die für sie perfekte Beziehung vor: gleiche Wertvorstellungen und Ideale, gemeinsame Aktivitäten. Mit Hilfe ihrer Imagination stellte sie sich die positiven Eigenschaften ihres Partners vor und den Lebensstil, der ihr und ihrem Partner gefallen würde. Jackie wünschte sich jemanden, der sie genauso liebte wie sie ihn und der die Stärke besaß, ihr diese Liebe zu zeigen.

Der wichtigste Aspekt ihrer Visualisierung war, wie sie mir sagte, alles als Spiel zu betrachten. Sie blieb dabei locker und neutral und fühlte sich nicht unter Druck.

Eines Tages merkte Jackie, daß sie für den richtigen Mann bereit war. Kurz darauf erzählte sie mir, daß sie ihren zukünftigen Ehemann bereits gekannt hatte – er war ihr einfach in neuem Licht erschienen! Jackie und ihr neuer Verlobter waren lange Zeit Freunde gewesen. Sie hatte sich einfach für eine weitere Dimension dieser Beziehung öffnen müssen. Inzwischen sind die beiden schon eine ganze Weile glücklich verheiratet.

Was Sie jetzt gleich tun können

Skizzieren Sie einen Lebensbereich, den Sie gern verändern würden. Wenn Sie nicht recht wissen, wo Sie beginnen sollen, sehen Sie sich die folgende Liste an. Vielleicht springt Ihnen etwas ins Auge.

Beziehungen	Kinder	Kreativität
Finanzen	Freundschaften	Zuhause
Gesundheit	Spiritualität	Urlaub
Beruf	Bildung	Umgang
Familie	Hobbys	mit Zeit

Wenn Sie einen Lebensbereich gefunden haben, an dem Sie arbeiten wollen, schreiben Sie hier oder in Ihrem Tagebuch auf, wie dieser Bereich idealerweise aussehen sollte. Beschreiben Sie ihn so detailliert wie möglich.
Schaffen Sie nun ein Schlüsselbild für Ihren Traum. Wenn Sie sich zum Beispiel ein neues Zuhause wünschen, visualisieren Sie, wie Sie mit einem zufriedenen Seufzer die Haustür Ihres neuen Hauses aufschließen. Treten Sie ein, und freuen Sie sich darüber, daß es genauso eingerichtet ist, wie Sie es mögen. Denken Sie daran, nach Möglichkeit alle Sinne einzusetzen — Geruchs-, Gehör-, Geschmacks- und Tastsinn und dazu Emotionen und Gedanken. Beschreiben Sie hier Ihr Schlüsselbild für den Lebensbereich, den Sie verändern wollen:

. . . .
. . . .
. . . .

Erfinden Sie einen Schlüsselsatz für Ihren neuen Traum. Denken Sie sich einen kurzen Satz aus, der das, was Sie haben möchten, so beschreibt, als ob Sie es bereits hätten. Zum Beispiel: »Ich habe ein tolles neues Haus und bin so dankbar dafür!« Denken Sie daran, nur positive Wörter zu verwenden. Vermeiden Sie alle Verneinungen. Schreiben Sie Ihren Schlüsselsatz hier auf.

. . . . , ...
. . . .
. . . .

Wie beim Schlankwerden mit Gedankenkraft ist es auch hier wesentlich, daß Sie sich täglich auf Ihr ersehntes Ziel konzentrieren. Wählen Sie eine Zeit – am besten morgens nach dem Aufwachen oder abends vor dem Schlafengehen –, zu der Sie sich auf dieses bestimmte Ziel, auf das Schlüsselbild und den Schlüsselsatz, konzentrieren können. Wenn Sie es zweimal am Tag schaffen, um so besser. Entspannen Sie sich, wie in Kapitel 5 beschrieben, bevor Sie sich konzentrieren, oder machen Sie einfach ein paar tiefe Atemzüge, und atmen Sie alle Anspannung aus. Sollten Sie morgens oder abends keine Zeit für diese Übung haben, versuchen Sie wenigstens, sich immer dann auf Ihr Ziel zu konzentrieren, wenn Sie sich zum Beispiel die Zähne putzen, Ihr Bett machen oder duschen. Der Lohn dafür wird nicht ausbleiben.

Wenn andere es können, können Sie es auch!

Ich bin eine ganz normale Frau, die mit einigen sehr alten Prinzipien experimentiert hat. Sie sind eigentlich kein Geheimnis, und doch sind sie kaum bekannt, denn die meisten Menschen haben kein Interesse daran, soviel Konzentration einzusetzen. Sie betrachten das als Arbeit, dabei macht es alles viel leichter.

Ich setze meine Vorstellungskraft ein, um mir die Arbeit zu erleichtern, indem ich mich sehe, wie ich meine Ziele entspannt und mühelos erreiche. Ich stelle mir ein Projekt vor, an dem ich arbeiten muß, wie zum Beispiel dieses Buch. Dann konzentriere ich mich auf ein Schlüsselbild für den Abschluß der Arbeit an dem Tag, den ich mir als Termin gesetzt habe. Je mehr ich mich darauf konzentriere, desto leichter geht mir das Schreiben von der Hand. Geschichten und Beispiele fallen mir genau dann ein, wenn ich sie brauche, mein Stundenplan gibt mir jeden Vormittag Zeit zum Schreiben, und meine Träume erinnern mich an wichtige Punkte, die ich Ihnen mitteilen möchte.

Zum Kernproblem zu gelangen heißt, das Selbstbild zu verbessern

Verbesserungen in einem Lebensbereich beginnen mit der Veränderung des Selbstbildes, damit es die imaginierte neue Realität herbeiführen kann. Von innen nach außen arbeitet das Leben mühelos, das heißt: Ihr Leben spiegelt Ihnen Ihre innere Einstellung zu sich selbst wider. Ich konnte erst ein neues Auto bekommen, als ich mich als Besitzerin eines solchen sah.

Louise hielt sich immer für eine Buchhalterin, und daher blieb sie Buchhalterin. Jedes Jahr wurde ihr bewußter, daß sie mit ihrer Arbeit und ihrem Leben sehr unglücklich war. Sie wollte mehr. Louise wollte, daß ihr die Arbeit mehr Spaß machte, um auch anderen damit eine Freude zu machen. Sie hatte zahlreiche Selbsthilfegruppen für Co-Abhängige besucht, und dort war ihr klargeworden, daß sie Menschen helfen konnte.

Als erstes setzte sie sich das Ziel, ihr Leben in diese Richtung zu verändern. Sie begann, anders von sich zu denken. Sie war jetzt »Kommunikatorin«, nicht mehr »Zahlenfresserin«. Sie verschaffte sich Einblick im Therapie- und Kommunikationsbereich und lernte Berufe kennen, mit denen sie nie in Berührung gekommen wäre, wenn sie nicht ihr Selbstbild verändert hätte. Heute absolviert sie eine Ausbildung zur Therapeutin.

Barbara litt unter verschiedenen Krankheiten. Mit der Zeit wurde ihr bewußt, daß sie sich ihre Krankheiten geschaffen hatte, um Aufmerksamkeit von anderen zu bekommen. Barbara brauchte die Liebe und Zuneigung, die das Kranksein ihr einbrachten, daher hielt sie sich ständig für krank. Nun aber war sie zu einer Veränderung bereit und besuchte eines meiner Seminare. Je mehr sie über das Schlankwerden mit Gedankenkraft lernte, desto klarer wurde ihr, daß sie sich ihr Leben lang nicht nur dick, sondern zusätzlich auch noch krank gedacht hatte.

Als Barbara ihre Imaginationskraft nun auf ihr Wohlbefinden richtete, erlebte sie eine drastische Veränderung ihres Gesundheitszustandes. Lassen wir sie selbst zu Wort kommen: »Nachdem ich bei vielen Ärzten gewesen war, hatte ich es gründlich satt, ihre Diagnosen zu akzeptieren. Ich war es einfach leid, mein ganzes Geld für meine Gesundheit auszugeben und mich doch ständig krank zu fühlen. Die Prinzipien von Schlank mit Gedankenkraft haben mir bei der Erkenntnis geholfen, daß mein Unterbewußtsein mein Selbstbild als kranke Frau Realität werden ließ.

Als ich mein Leben genauer betrachtete, erkannte ich, daß ich immer wieder an bestimmte Störungen gedacht hatte, die dann auch bei mir auftraten. Ich schuf sie in meinem Körper. Ihr Seminar brachte mir die Bestätigung für das, was ich erlebte, also benutzte ich von diesem Zeitpunkt an meine Einbildungskraft dafür, mir ein neues, gesundes Ich vorzustellen.

Außerdem mußte ich lernen, nicht die Vorstellungen anderer zu übernehmen, denn meine gesamte Familie betrachtete mich als krank. Das erwies sich für mich als die schwierigste Seite des Prozesses.

Ich fiel in meine vertrauten Muster zurück, war wieder Opfer und bemitleidete mich. Mir wurde sogar klar, daß ein wichtiger Grund für meine Krankheiten die Angst war, daß jemand mehr von mir erwarten könnte, als ich zu leisten imstande war.

Als ich begann, mit den Prinzipien in *Schlank mit der Kraft der Gedanken durch mentales Training* zu arbeiten, kam ein unglaublicher Heilungsprozeß in Gang. Die Techniken halfen mir, die destruktiven Bilder zu erkennen, die ich bis dahin vor mir versteckt hielt. Mein Heilungsprozeß war dramatisch. Ich fing an, mich gesund zu denken, und ich war gesund.

Und hier ist der Schlüssel: Ich stellte zwar immer noch bestimmte Symptome fest, strich sie aber einfach aus meinem Selbstbild und machte weiter. Kein Tag, an dem ich nicht auf ein besseres Selbstbild hinarbeitete. Ich behielt mein Ziel im Auge, und schon bald traten überhaupt keine Symptome mehr auf, obwohl die Krankheiten, die man bei mir diagnostiziert hatte, mich eigentlich drei Jahre lang ans Bett hätten fesseln müssen.

Dann begann ich, die Wurzel meines Krankseins zu ersetzen – ein Gedankenmuster, das vermittelte: ›Ich bin irgendwie verkrüppelt, also könnt ihr von mir nicht erwarten oder verlangen, daß ich irgendwas tue.‹ Daran arbeite ich bis heute. Manchmal sagt mir mein Verstand noch, daß ich nicht so hart arbeiten müsse, weil ich doch Invalidin bin.

Früher brauchte ich eine niesende Arbeitskollegin nur anzuschauen, um dann selbst mit Schnupfen nach Hause zu gehen. Wir sind zwar viel mehr als unsere Gedanken, aber das Unterbewußtsein verwirklicht, was wir denken. Wenn Sie sich ein Ereignis vorstellen, von dem Sie befürchten, daß es eintritt, ist das, als würden Sie einen Raum betreten und sagen: ›Hier wohne ich.‹ Das wird zu Ihrer Realität, bis Sie das Zimmer verlassen und in einer besseren Umgebung leben wollen.«

Janes Erfahrungen zeigen, was auf alle Aussagen, Gedanken oder Bilder zutrifft, die wir über uns selbst machen oder von uns haben. Ich muß mich ständig beobachten. Wenn ich manchmal sage:»Ich bin so müde«, merke ich, daß ich mich viel müder fühle, als wenn ich mich darauf konzentriere, voller Energie zu sein.

Welche Bereiche Ihres Selbstbildes möchten Sie verändern? Wie würden Sie Ihr Gedächtnis, Ihre Kreativität, Ihre Selbstmotivation oder etwas anderes gerne verbessern?

Was Sie jetzt gleich tun können

1. Notieren Sie hier oder in Ihrem Tagebuch, was Sie an Ihrem Selbstbild verändern möchten. Sie können aus folgenden Bereichen wählen: Wie Sie aussehen, sich fühlen, handeln oder sich selbst und anderen erscheinen; wie Sie über sich und andere denken; Ihr Selbstvertrauen und die Offenheit, mit der Sie Liebe geben und empfangen; die Fähigkeit, glücklich und mit sich zufrieden zu sein; oder die Freiheit, im Leben Ihren eigenen Weg zu gehen.

....

....

2. Beschreiben Sie, in welcher Weise Ihr neues Selbstbild Ihr Leben ändern wird.

....

....

3. Schaffen Sie ein Schlüsselbild für Ihr neues Selbstbild. Nehmen wir einmal an, Sie wollen selbstsicherer sein. Stellen Sie sich vor, wie Sie »Lassen Sie mich darüber nachdenken« zu jemandem sagen, der Sie um einen Gefallen bittet, den Sie ihm normalerweise tun würden, auch wenn Ihnen nicht danach zumute wäre. Denken Sie daran, alle Sinne einzusetzen, wenn Sie Ihr Schlüsselbild formen. Legen Sie auch Gefühl hinein. Beschreiben Sie diese neue Situation.

....

....

4. Erfinden Sie einen Schlüsselsatz für Ihr neues Selbstbild. Wenn Sie zum Beispiel eine bessere Zuhörerin werden wollen, sagen Sie etwas wie: »Ich höre aufmerksam zu, mit offenem Geist und aufnahmebereitem Herzen.«

....

....

Kapitel 11

Ihr Tagebuch zum Schlankwerden

»Wir sind in hohem Maße den Worten ausgeliefert. Sie regieren unsere Gedanken öfter als sie ihnen gehorchen.«

J. MIDDLETON MURRY

Dieses Kapitel ist Ihr persönliches Tagebuch, das Sie verwenden können, um Ihre Fortschritte bei der Verwirklichung Ihres neuen Ichs aufzuzeichnen. Es kann Ihnen Hoffnung geben, wenn Sie Aufmunterung brauchen, zeigen, wie weit Sie schon gekommen sind, und dafür sorgen, daß Sie Ihre persönlichen Schlüsselbilder und -sätze schnell finden.

Wenn Sie mit den Prinzipien von Schlank mit Gedankenkraft Ihr erstes Ziel erreicht haben, können Sie zu diesem Kapitel zurückkehren, um an der Erhaltung Ihres neuen Zustands zu arbeiten. Wenn Sie Ihre Bemerkungen lieber nicht in dieses Buch hineinschreiben möchten, benutzen Sie dieses Kapitel als Vorlage für Ihr eigenes Tagebuch. Tagebücher sind ein sehr wirksames Mittel, um den eigenen Prozeß bei der Veränderung des Selbstbildes zu verstehen, und außerdem motivieren sie zum Weitermachen. Wenn ich Tagebuch schreibe, wird mir immer klar, wie mein nächster Schritt aussieht, was mich vielleicht blockiert und welche Einstellung ich zu dem Prozeß habe. Außerdem freue ich mich, wenn ich anhand meiner schriftlichen Aufzeichnungen meine Ergebnisse sehe.

Wenn ich mich zum Beispiel über etwas aufrege, schreibe ich es auf. Ich schreibe weiter, bis ich verstehe, was in mir vor sich geht. Das hilft mir, mich zu beruhigen, so daß ich das eigentliche Problem erkenne. Dann beginne ich vielleicht, die Lösung niederzuschreiben. Je mehr ich schreibe, desto größer wird meine Begeisterung über meine Entdeckungen an mir selbst.

Einige Stunden oder auch einige Tage später kann ich noch einmal lesen, was ich geschrieben habe, und feststellen, wie sehr ich mich verändert habe. Ich bin jedesmal erstaunt. Ich benutze mein Tagebuch auch, um Träume festzuhalten und Fragen aufzuschreiben, die ich gern in meinen Träumen beantwortet hätte. Seien Sie bei Ihren Tagebucheintragungen kreativ.

Wie man den größten Nutzen aus diesem Tagebuch zieht

Schreiben und/oder lesen Sie, wenn Sie mit dem Schlankwerden mit Gedankenkraft beginnen, jeden Tag ein bißchen in Ihrem Tagebuch. Wenn Sie mit der neuen Methode vertraut sind, sollten Sie mindestens einmal in der Woche einen Blick auf das Geschriebene werfen, um es zu überprüfen und Ihren neuen, nicht mehr eingeschränkten Blickwinkel zu erweitern.

Kurz vor dem Ziel kehren Sie wieder zum Tagebuch zurück, um Ihre Leistung anzuerkennen und zu würdigen. Setzen Sie sich anschließend gleich neue Ziele, damit Sie in Ihrer Entwicklung nicht stehenbleiben.

Was Sie jetzt gleich tun können

Legen Sie jetzt sofort einen Zeitpunkt in Ihrem Tagesablauf fest, zu dem Sie in Ihrem Tagebuch lesen und etwas hineinschreiben. Am besten geeignet ist die Zeit, zu der Sie Ihre Übungen zum Schlankwerden durch Gedankenkraft machen.

Um _____ habe ich eine Verabredung mit mir.

Wenn Sie einen bestimmten Zeitpunkt festlegen, wird Ihr Verstand sich bereitwillig Ihren Wünschen fügen und die Tore der Kreativität und Vorstellungskraft öffnen, sobald Sie mit dem Schreiben beginnen. Denken Sie daran, der Verstand liebt Verhaltensmuster und wird an Ihnen herumnörgeln, wenn Sie Ihre Verabredung nicht einhalten. Datieren Sie jeden Tagebucheintrag, damit Sie sehen, welche Fortschritte Sie machen und wie schnell sie erfolgen.

Wie ein Kind werden

Hier eine Zeichenübung, die Ihnen hilft, Kontakt mit Ihrem kindlichen Wesen zu finden und Ihre Kreativität zu erschließen. Selbst wenn Sie glauben, Sie hätten kein Talent zum Zeichnen, probieren Sie es trotzdem, und machen Sie es so gut wie Sie können. Es ist nur für Ihre Augen bestimmt!

Was Sie jetzt gleich tun können

Zeichnen Sie ein Bild von sich, wie Sie gern aussehen möchten. Denken Sie daran, daß das einfach Spaß machen und Ihnen helfen soll, Ihre Vorstellungskraft zu entwickeln. Wenn Sie nicht zeichnen wollen, suchen Sie sich in einer Zeitschrift ein Bild von dem Körper, den Sie sich wünschen, und kleben Sie ein Foto von Ihrem Kopf darauf. Es darf auch ein älteres Bild sein, wenn Sie sich darauf gut gefallen. Kleben Sie es hier ins Buch oder an eine für Sie gut sichtbare Stelle, wie etwa den Kühlschrank. Betrachten Sie dieses Foto, wenn Sie Ihr neues Selbstbild sehen wollen.

Die Veränderung des Selbstbildes ist der Schlüssel zur Veränderung des Lebens

Sich selbst in der Gegenwart so zu sehen, wie man in der Zukunft sein möchte, ist von höchster Bedeutung für den Erfolg. Verwenden Sie Ihr Tagebuch, um sich gründlich damit auseinanderzusetzen und das Gefühl für Ihr neues Ich zu entwickeln. Sie müssen es so deutlich vor sich sehen, daß es zu Ihrer gegenwärtigen Realität wird und alle anderen Wahrnehmungen verdrängt. Benutzen Sie das Schema auf den folgenden Seiten, wenn Sie beginnen, Ihre Schlüsselbilder und -gedanken aufzuschreiben. Tun Sie es in der ersten Woche täglich. Fügen Sie immer Bemerkungen hinzu, wenn Sie Ihr Tagebuch lesen – mindestens einmal in der Woche. Datieren Sie jeden Tagebucheintrag, um Ihre Entwicklung verfolgen zu können.

Denken Sie daran, Ihr Schlüsselbild in der Gegenwart zu formulieren, zum Beispiel:»Mein Körper ist mehr als schlank; er ist außerdem fest und sieht jugendlich aus.« Fügen Sie Einzelheiten hinzu über die Kleidung, die Sie gerade tragen, über Ihre Bewegungen, Ihre neugewonnene Gesundheit und Energie und die Reaktion der anderen auf Ihren neuen Körper.

Wie ich aussehe: _____

Wie ich mich fühle: _____

Wie ich über mich denke: _____

Wie ich handle: _____

Entwickeln Sie für alles, was Sie ändern möchten, Schlüsselbilder und Schlüsselsätze

Denken Sie daran, beim Schreiben alle Sinne einzusetzen. Was tun Sie gerade? Was sehen, schmecken, hören, riechen und fühlen Sie? Verwenden Sie für Ihre Schlüsselsätze nur positive Formulierungen. Zum Beispiel:»Ich bin glücklich, zufrieden, von Frieden erfüllt.«

Passen Sie Ihre Einträge dem jeweils neuen Selbstbild an. Vermerken Sie dabei immer das Datum.

Schlüsselbild und Schlüsselsatz für mein Aussehen

Datum: _____

_____

_____

Datum: _____

_____

_____

Datum: _____

_____

_____

Schlüsselbild und Schlüsselsatz für meine Empfindungen/Gefühle

Datum: _____

_____

_____

Datum: _____

_____

_____

Datum: _____

_____

_____

171

Schlüsselbild und Schlüsselsatz für meine Handlungen

Datum: _____

_____

_____

Datum: _____

_____

_____

Datum: _____

_____

_____

Schlüsselbild dafür, wie ich über mich denke

Datum: _____

_____

_____

Datum: _____

_____

_____

Datum: _____

_____

_____

Traumtagebuch

Verwenden Sie diesen Abschnitt, um Träume zu erbitten und festzuhalten, die sich auf die Veränderung Ihres Selbstbildes beziehen. Schreiben Sie Ihre jeweilige Frage und den Traum dazu auf, und datieren Sie beides. Notieren Sie dann Ihre Gedanken dazu, wie der Traum Ihre Frage beantwortet. Es macht viel Spaß, die Effektivität der eigenen Träume zu ergründen. Wie in der Traumübung in Kapitel 5 schreiben Sie, wenn Sie den Traum oder Teile davon festgehalten haben, folgendes:»Dieser Traum bedeutet...« Notieren Sie dann einfach alles, was Ihnen einfällt.

Fragen, die ich in meinen Träumen beantwortet haben möchte

Datum: _____   Frage: _____

Antwort oder Traum: _____

Dieser Traum bedeutet: _____

Sie können fortfahren, indem Sie Ihre Träume in einem Heft protokollieren. Legen Sie speziell für Ihre Fragen an Träume und die dazugehörigen Träume ein Traumtagebuch an. Oder integrieren Sie Ihr Traumtagebuch in Ihr persönliches Tagebuch, so wie ich es mache. Da ich finde, daß»das Leben ein Traum« ist, mache ich mir nicht die Mühe, Wach- und Traumleben zu trennen. Alle meine Erlebnisse zusammenzufügen, hilft mir, Muster darin zu erkenne.

Fortschritte aufzeichnen kann Spaß machen

Hier ist eine ausgezeichnete Methode, Lebensmuster zu erkennen. Selbst wenn Sie nicht die Zeit haben, Ihre Träume zu protokollieren, oder wenn Sie sich nicht an sie erinnern, können Sie auf Ihrer Reise in das Unterbewußtsein Ihre Erlebnisse, Gedanken und Einstellungen zum Leben festhalten.

Was Sie tun können

Schreiben Sie in der ersten Woche, in der Sie mit dem Schlankwerden mit Gedankenkraft experimentieren, täglich auf, inwiefern Sie anders über sich denken und eine andere Einstellung zu sich gewonnen haben und wie sich Ihre Gesundheit und Dinge, die mit der Ernährung zusammenhängen, verändern:

1. Tag, Datum: _____ Was ich fühle und denke: _____

_____

Was in meinem Leben passiert: _____

_____

2. Tag, Datum: _____ Was ich fühle und denke: _____

_____

Was in meinem Leben passiert: _____

_____

3. Tag, Datum: _____ Was ich fühle und denke: _____

_____

Was in meinem Leben passiert: _____

_____

4. Tag, Datum: _____ Was ich fühle und denke: _____

_____

Was in meinem Leben passiert: _____

_____

5. Tag, Datum: _____ Was ich fühle und denke: _____

_____

Was in meinem Leben passiert: _____

_____

6. Tag, Datum: _____ Was ich fühle und denke: _____

_____

Was in meinem Leben passiert: _____

_____

7. Tag, Datum: _____ Was ich fühle und denke: _____

_____

Was in meinem Leben passiert: _____

_____

Was Sie jetzt tun können

Sie haben nun eine Woche lang Ihre innersten Gefühle und die äußeren Erlebnisse notiert. Gehen Sie zum Anfang zurück, und lesen Sie sich die einzelnen Tage durch. Welche Fortschritte können Sie erkennen? Schreiben Sie sie hier oder in Ihrem Tagebuch auf:

. . . .

. . . .

. . . .

. . . .

Tun Sie das gleiche für den nächsten Monat. Schreiben Sie wöchentlich eine kurze Zusammenfassung Ihrer Fortschritte auf.

1. Woche, Datum: _____ Was ich fühle und denke:

_____

Was in meinem Leben passiert: _____

_____

2. Woche, Datum: _____ Was ich fühle und denke: _____

_____

Was in meinem Leben passiert: _____

_____

3. Woche, Datum: _____ Was ich fühle und denke: _____

_____

Was in meinem Leben passiert: _____

_____

4. Woche, Datum: _____ Was ich fühle und denke: _____

_____

Was in meinem Leben passiert: _____

_____

Was Sie jetzt tun können

Lesen Sie nun Ihre Fortschritte, nachdem Sie sie im Verlauf des Monats aufgezeichnet haben, alle vier Wochen nach. Welche Fortschritte sehen Sie im vergangenen Monat? Notieren Sie sie hier oder in Ihrem Tagebuch:

. . . .

. . . .

. . . .

. . . .

. . . .

Mit Konzentration das Ziel erreichen

Das Tagebuch hilft Ihnen, weiter Ihre Konzentration auf Ihr Ziel zu richten. Wenn Sie sich auf etwas konzentrieren, ist die Chance, es zu erreichen, ungleich größer. Denken Sie daran, Sie können von hier aus nur in zwei Richtungen gehen: rückwärts oder vorwärts. Welche wählen Sie?

Die einfachste Methode, die Aufmerksamkeit nach vorn gerichtet zu halten, auf die positiven Auswirkungen des Schlank mit Gedankenkraft, besteht darin, dankbar zu sein. Danken Sie für Ihre wöchentlichen und monatlichen Fortschritte, und belohnen Sie sich dafür, denn das ist das Geheimnis eines langfristigen Erfolgs.

Was Sie tun können

Hier eine Übung, die Ihnen hilft, dankbar für Ihre Fortschritte zu sein, wie klein oder groß sie auch sein mögen.

Schreiben Sie in den nächsten sechs Monaten einmal im Monat auf, was es in Ihrem Leben Neues gibt, über das Sie glücklich und dankbar sind.

1. Monat, Datum: _____ Ich bin dankbar für: _____

_____

2. Monat, Datum: _____ Ich bin dankbar für: _____

_____

3. Monat, Datum: _____ Ich bin dankbar für: _____

_____

4. Monat, Datum: _____ Ich bin dankbar für: _____

_____

5. Monat, Datum: _____ Ich bin dankbar für: _____

_____

6. Monat, Datum: _____ Ich bin dankbar für: _____

_____

Was Sie jetzt tun können

Nun nehmen Sie sich die Monate eins bis sechs noch einmal vor. Welche Fortschritte sehen Sie in Ihrem Leben in bezug auf das Schlankwerden mit Gedankenkraft oder auf andere Erfolge? Schreiben Sie sie hier oder in Ihrem Tagebuch auf:

....

....

Verwenden Sie ein Heft, um diese Dankbarkeitsübung fortzusetzen.

Was würden Sie an Ihrem Körper oder in Ihrem Leben sonst noch gern ändern?

Denken Sie daran, daß alle Übungen in diesem Buch Ihnen helfen können, Ihren Körper oder Ihr Leben zu verändern.

Was Sie tun können

Auf den folgenden Seiten sind die verschiedenen Bereiche aufgelistet, die im allgemeinen verändert werden sollen. Zum Schluß können Sie selbst einen Wunsch eintragen, der sich möglicherweise nicht auf der Liste befindet.

Folgen Sie auch hier, wie bei allen anderen Übungen in diesem Buch, dem Erfolgsrezept: 1. ein Schlüsselbild und einen Schlüsselsatz für das neue Selbstbild entwickeln; 2. sich mindestens einmal am Tag entspannen und auf das Bild und den Satz konzentrieren. Und vergessen Sie nicht, daß dieses Spiel mit der Vorstellungskraft Spaß machen sollen!

Was ich mir als optimale(n) Fitneß/Gesundheit/Körper wünsche

Schlüsselbild: _____

Schlüsselsatz: _____

_____

Was ich mir als optimale Partnerbeziehung/Ehe wünsche

Schlüsselbild: _____

Schlüsselsatz: _____

_____

Was ich mir als optimale finanzielle Situation wünsche

Schlüsselbild: _____

Schlüsselsatz: _____

_____

Was ich mir als optimalen Beruf wünsche

Schlüsselbild: _____

Schlüsselsatz: _____

_____

Was ich mir als optimale spirituelle Erfahrung oder spirituelles Leben wünsche

Schlüsselbild: _____

Schlüsselsatz: _____

_____

Was ich mir als optimales familiäres Umfeld wünsche

Schlüsselbild: _____

Schlüsselsatz: _____

Was ich mir als optimale Erfahrung als Elternteil wünsche

Schlüsselbild: _____

Schlüsselsatz: _____

Was ich mir als optimale Freundschaften wünsche

Schlüsselbild: _____

Schlüsselsatz: _____

Was ich mir als optimales Zuhause wünsche

Schlüsselbild: _____

Schlüsselsatz: _____

Was ich mir als optimale kreative Betätigung wünsche (Musik, Kunst, Tanz oder mein Hobby)

Schlüsselbild: _____

Schlüsselsatz: _____

Was ich mir als optimale Weiterbildung wünsche

Schlüsselbild: _____

Schlüsselsatz: _____

Was ich mir als optimale _____
(bitte selbst einsetzen) wünsche

Schlüsselbild: _____

Schlüsselsatz: _____

Kapitel 12

Zusammenfassung
Wie Sie mit der Kraft der
Gedanken schlank werden

»Die einzige Freude auf der Welt liegt im Beginnen.«

CESARE PAVESE

Kopieren Sie die folgenden Seiten, und tragen Sie sie in Ihrer Hand- oder Aktentasche bei sich. Kleben Sie sie zu Hause an den Spiegel oder Kühlschrank, legen Sie sie ins Auto, neben Ihr Bett oder dorthin, wo es für Sie am günstigsten ist. Diese Seiten sollen denen, die das Prinzip der konzentrierten Aufmerksamkeit voll nutzen möchten, als Gedächtnisstütze dienen.

Lassen Sie sich von
Ihrem Unterbewußtsein weiterbringen

Wenn Sie Ihre Gedanken bewußt kontrollieren, können Sie Ihr Selbstbild und Ihren Körper verändern. Was möchten Sie erreichen? Stellen Sie es sich ständig vor. Tun Sie so, als wäre es *jetzt* bereits Wirklichkeit.

Akzeptieren und lieben Sie sich so, wie Sie jetzt sind

Schreiben Sie hier Ihre fünf besten Eigenschaften auf. Lesen Sie sie immer dann, wenn Sie das Gefühl haben, Ihr Selbstbild verschlechtert sich.

1. _____

2. _____

3. _____

4. _____

5. _____

Konzentrieren Sie sich auf Ihr Schlüsselbild
(mit vorheriger Entspannung)

Schreiben Sie Ihr Schlüsselbild für das Schlankwerden mit Gedankenkraft hier auf, und konzentrieren Sie sich jeden Tag neu darauf.

Wiederholen Sie Ihren Schlüsselsatz so oft wie möglich

Notieren Sie Ihren Schlüsselsatz hier, und wiederholen Sie ihn oft.

Verwenden Sie folgende Schlüsselsätze, wenn Sie eine Abwechslung brauchen:

»Ich bin glücklich, gesund und schlank!«

»Die anderen fangen an, auf meine neue, schlanke Figur aufmerksam zu werden.«

»Ich liebe meine neue, schlanke, anmutige Figur!«

»Je mehr ich mich schlank denke, desto mehr ernähre, bewege und verhalte ich mich wie eine schlanke Frau.«

»Alles, was ich esse, macht meinen Körper schön und schlank.«

Glauben Sie nur, was Ihre inneren Bilder Ihnen vermitteln

Immer wieder wurde der Beweis erbracht, daß das Leben einem das, was man sich in der Gegenwart vorstellt, in der Zukunft bringt. Mit Hilfe Ihrer Vorstellungskraft können Sie ganz und gar über Ihr Leben bestimmen. Setzen Sie sie klug ein.

Ganz gleich, was Ihre äußeren Umstände Ihnen vielleicht vermitteln, Sie *werden* schlank, indem Sie glauben, daß *Sie jetzt schlank sind*. Tun Sie, was nötig ist, um den Verstand davon zu überzeugen. Jede Zelle in Ihrem Körper reagiert auf Ihre Gedanken. Wie sollen diese Reaktionen aussehen?

Seien Sie für jeden kleinen Fortschritt dankbar

Seien Sie dankbar für die Fortschritte, die Sie gemacht haben. Nehmen Sie jedes Kompliment an, dann werden Sie Ihre Erfolge auch selbst sehen.

Kennzeichnen Sie die Gedanken, die für Sie am wichtigsten sind, oder schreiben Sie sie ab

Schreiben Sie hier Ihre drei Lieblingsgedanken aus *Schlank mit der Kraft der Gedanken durch mentales Training* auf:

1. _____

2. _____

3. _____

Sie können auch selbst eine Kassette mit der Beschreibung Ihres Schlüsselbildes und Ihrem Schlüsselsatz besprechen. Hören Sie die Kassette vor dem Einschlafen, im Auto oder wenn Sie sich ausruhen.

Denken Sie daran, wer Sie sind

Denken Sie daran, daß Sie ein strahlendes Wesen sind und die Herrschaft über Ihren Geist, Ihre Emotionen und Ihr physisches Ich besitzen.

Gestalten Sie das Schlankwerden mit Gedankenkraft so vergnüglich wie möglich. Mit einer freudigen, spielerischen Haltung erzielen Sie die besten Ergebnisse.

Danksagungen

So viele Menschen haben mir bei meiner persönlichen Entwicklung geholfen, daß es unmöglich wäre, allen zu danken. Hier will ich nur einige nennen, die mich dabei unterstützt haben, dieses Buch und die Büchlein, die ihm vorausgingen, zu realisieren.

Meinen herzlichen Dank spreche ich folgenden Menschen aus: für die Ermutigung, meinen Verlag zu gründen, John Kulick und Lynn Heninger von Illuminated Way Publishing; für finanzielle oder moralische Unterstützung und oft für beides meinen Freundinnen und Freunden Jackie Layke, Ed Ferrigan, Don Tousley, Gianeen Courrier, Terry Howard, Mark Morrison und Jocelyn Parrish; für finanzielle Unterstützung, viele Ideen und Ermutigung meiner Kusine Carol Polevoy. Außerdem möchte ich sagen, wie dankbar ich Menschen wie Bernie von Bernie's Supervalue in Minneapolis, Minnesota, bin, weil er als erster versucht hat, meine Bücher in seinem Laden zu verkaufen. Es ist ganz schön verblüffend, wenn ein »Fremder« an einen glaubt.

Ich möchte allen danken, die mir geholfen haben, dieses Buch fertigzustellen, vom Schreiben über das Lektorieren bis zum Korrekturlesen: Zanna Alexander, Freundin und Lektorin; Harold Ware; John Eggan und Patrick Carroll.

Ein besonderes Dankeschön gilt meiner Assistentin Janel Nockleby, die alles getan hat, vom Korrekturlesen bis zur Aufrechterhaltung meiner geistigen Gesundheit, und die mich während der ganzen Zeit – auch in finanziellen Notsituationen – ertragen hat.

Viel Liebe und Dank gehen an meine Mutter dafür, daß Sie mir als unabhängige, starke und hilfsbereite Frau immer mit gutem Beispiel voranging.

Und vor allen Dingen danke ich Gott für seine allgegenwärtige Liebe und Führung.

Debbie Johnson

Literatur

Chopra, Deepak: *Die unendliche Kraft in uns. Energien jenseits der persönlichen Grenze*, Heyne, München 1994, sowie andere Bücher von Deepak Chopra

Dyer, Wayne W.: *Wirkliche Wunder. Wie man scheinbar Unmögliches vollbringt*, Rowohlt, Reinbek 1994

Dyer, Wayne: *Sie sollten nach den Sternen greifen. Mit Mut zu neuen Zielen*, Moderne Verlagsgesellschaft, München 1990, sowie andere Bücher von Wayne Dyer

Maltz, Maxwell: *Erfolg kommt nicht von ungefähr. Durch Psychokybernetik positiv denken und handeln*, Econ TB, München 1990

Ray, Sondra: *Schlank durch positives Denken. Die spirituelle Diät*, Kösel, München 1994

Waitley, Denis: *Der Beste sein? Für den Erfolg zählt nur der eigene Maßstab*, Moderne Verlagsgesellschaft, München 1988

Mosaik Ratgeber – denn Ko

Prof. Dr. Michael Hamm
Gesundheitsschutz aus Obst und Gemüse
Bioaktive Pflanzenstoffe für ein langes, vitales Leben
128 Seiten, farbig
ISBN 3-576-10687-1

Renate Zeltner
Trennkost
Gut essen und trotzdem schlank!
Über 100 köstliche Rezepte für eine gesunde Ernährung
128 Seiten, zahlreiche farbige Fotos
ISBN 3-576-10637-5

Elisabeth Fischer / Dr. Irene Kührer
Gesund und gut essen während der Krebstherapie
Ärztlicher Rat und erprobte Rezepte aus der vegetarischen Küche. Mehr Wohlbefinden durch die richtige Ernährung.
128 Seiten, ca. 15 Farbfotos
ISBN 3-576-10600-6

Dr. Inge Hofmann/Dr. med. Arnold Hilge
Fitmacher fürs Immunsystem
Abwehrschwächen erkennen und bekämpfen. Vitalstoffe, die das Immunsystem stärken und vor Krankheiten schützen. Mit Diagnosetest und Kurprogramm.
160 Seiten
ISBN 3-576-10502-6

Bücher fürs Leben

mpetenz ist die beste Hilfe!

ᵖrof. Dr. Michael Hamm
Ḟesund essen mit und ohne Fleisch
ᵛor- und Nachteile von Fleisch. Was darf
ᵐan mit Genuß essen? Wo heißt es Finger
ᵛweg? Kann man auch fleischlos gesund
ᵉleben? Wie vermeidet man Mangelerschei-
ᵘungen?
◄28 Seiten
ᏚBN 3-576-10711-X

Dr. Hannes Lindemann
Autogenes Training
Der klassische Weg zu Leistungskraft,
Ģesundheit und Lebensfreude
Überarbeitete Neuausgabe
128 Seiten, 10 Fotos
ISBN 3-576-10680-4

ᵖrof. Dr. Michael Hamm
Ṡchlank und gesund ohne Diät
Ḟrnährung, Bewegung, Psyche:
Ḋie richtige Formel macht's! Ihr indi-
ᵛiduelles Stoffwechselprogramm.
◄60 Seiten
ᏚBN 3-576-10576-X

Dr. med. Ernst Schrott
Gesund und jung mit Ayurveda
Die sanfte Heilweise für vollkommene
Gesundheit und inneres Gleichgewicht.
Kräuteranwendungen. Ernährung und
Körperpflege. Ölmassagen und Bäder.
Rezepte aus der ayurvedischen Küche.
Wochenendkur für Fitneß und
Entspannung.
128 Seiten, 10 s/w-Fotos
ISBN 3-576-10614-6